ボリンジャーバンドで稼ぐトレーダーのFX攻略

令和5年版

standards

相場分析に特化して使いやすい多くのトレーダーが愛用するボリンジャーバンド

ボリンジャーバンドを正しく使う

ボリンジャーバンド（ボリバン）は数あるテクニカル指標の中でも多くのトレーダーに愛用されています。相場分析に特化することで相場の環境がわかり、売買にも使いやすいのが人気のポイントです。

しかし、入門書などに書かれているような使い方をしてもなかなか勝つことができないのが実情です。シンプルに考えればわかることですが、FXはゼロサムゲームなので、みんなと同じことをしていては勝つことは難しいのです。

また、入門書に書かれていることがすべて正しいとは限りません。ボリンジャーバンドの使い方の基本で説明されがちな「ローソク足がσラインを外側に突き抜けたらローソク足がσラインの中に戻るため、逆張りでエントリーする」といった使い方に対して、「相場状況も見ずに何でもかんでも逆張りでエントリーするというのは損失を生み出すだけ」と考えるトレーダーもいます。もちろん、逆張りが悪いわけではなく、本書で紹介するトレーダーのなかにも逆張りで利益を稼いでいるトレーダーもいます。大事なのは、なぜそこで売買するのかを考えることです。

実際にボリバンを使って勝っているトレーダーたちは、基本的な使い方を押さえつつ、自分なりの考えを盛り込んだり、他のテクニカル指標と組み合わせることで安定した利益を得ています。

ボリバン自体は優秀なテクニカル指標なだけに、実際に使いつづけてこそ、トレードに活かすための使い方がわかってきます。

稼ぐトレーダーからボリバンの使い方を知る

ボリンジャーバンドの勝てる使い方というのは、一朝一夕で理解できるものではありません。そこで本書では、ボリバンで稼ぐ6人のFXトレーダーから勝てるボリバンの見方や使い方、本人の手法の解説、さらに過去に起こった相場の動きから実践的なシチュエーション別のトレード内容を説明していきます。

本書がFXで勝てるようになる手助けになれば幸いです。

本書の読み方

6人のトレーダーによるアドバイスを交え、ボリンジャーバンドをどのように使えばいいのかを解説していきます。

第1章 稼いでいる人がボリバンで見ているポイント

ボリバンを使う理由はなにか？　をはじめ全体的な視点からボリバンを解説しています。

第2章 成功トレーダーたちのボリバンのパーツの見方

ボリバンのパーツや動き方をトレーダーたちがどのように見ているのかを解説します。どこを重視しているのか、どのような使い方をしているのかがわかります。

第3章 稼ぐトレーダーのボリバン手法

ボリバンで稼ぐトレーダー自身のトレード手法を完全公開。自分に合ったトレード手法を見つけてください。

第4章 シチュエーション別パターン分析

相場が大きく動いているときや相場の動きが鈍いときなど、計14パターンのシチュエーションに合わせたトレーダーたちの実際のトレード内容を分析。相場状況に合わせてどうトレードすればいいのかがわかります。

本書でボリバンの見方・使い方をアドバイスしてくれるトレーダー

令和5年版！ボリバンを熟知し大きく稼ぐ現役のＦＸトレーダー6人

バンビさん

ボリバンと長期移動平均線を使った長期トレード

ＦＸ歴▼12年

トレード期間▼長期

実績▼令和4年の収支1000万円

エマさん

ボリバンだけでトレードを完結させる

FX歴▼8年

トレード期間▼長期

実績▼令和4年の収支1200万円

つくしさん

エクスパンション狙いのトレード

FX歴▼8年

トレード期間▼長期

実績▼令和4年の収支1000万円

けいめいさん

ボリバンと一目均衡表の雲でトレードする

FX歴▼12年

トレード期間▼長期

実績▼令和4年の収支1800万円

ケッティーさん

トレンドを仕分けしトレード戦略を練る

FX歴▼10年

トレード期間▼デイトレ・スイング

実績▼2022年の収支1億6000万円

運営 YOUTUBE
トレード研究家ケッティー
https://onl.bz/UNpqcV6

サイキックスさん

独自のボリンジャーバンドの見方を開発

FX歴▼12年

トレード期間▼デイトレ

実績▼2022年の収支約1億4300万円

運営ブログ
サイキックスの気絶級バイナリー& FX
https://maths-in-industry.org/

まずは基本的な使い方を抑えて、勝てる使い方を知るための下地を作ろう

ボリバンの基本を押さえよう

▼まずはボリバンの基本的な使い方

本書では、ボリバンで稼ぐトレーダーたちの見方や使い方を解説していきますが、その前に一般的な使い方をおさらいしておきましょう。

注意点としては、ここでの基本はあくまで一般的にいわれている使い方であって、本書で紹介するトレーダーたちの使い方ではありません。なかには、本書で解説する使い方とは矛盾する部分もありますが、ご了承ください。

ボリバンは１９８０年代に「ジョン・ボリンジャー」によって考案されたテクニカル指標です。７本のラインで構成されており、中心にあるラインはミドルラ

インと呼ばれる移動平均線です。

ミドルラインから上に離れるにしたがってプラス1σ、プラス2σ、プラス3σと呼ばれ、下に離れるにしたがってマイナス1σ、マイナス2σ、マイナス3σと呼ばれます。σをまとめて「σライン（シグマライン）」と呼ばれることもあります。統計学上、σの内側に現在値が存在する確率は次のようになっています。

・現在値は「±1σ」内に68・3％の確率で存在する
・現在値は「±2σ」内に95・4％の確率で存在する
・現在値は「±3σ」内に99・7％の確率で存在する

よくある使い方は、プラス2σとプラス3σを上値抵抗線、マイナス2σとマイナス3σを下値支持線として、ローソク足がこれらのラインを越えたり突き抜けたら反転すると考え逆張りするという使い方です。なお、±1σはその範囲外に現在値が存在する確率は約31・7％なので売買サインは出やすい一方、信頼度が低くなります。±3σはその範囲外に現在値が存在する確率は約0・2％しかないので、サインは出にくい一方、信頼度が高いといわれています。

逆にこれらのラインを勢いよく越えたら、トレンドの勢いが強いため順張りでトレードするという説明がされることもあります。

ミドルラインでトレンドを確認

ボリバンはミドルラインを併せて見ることで、売買サインの精度をより高めることができます。ミドルラインは、上向きなら「上昇トレンド」、下向きなら「下降トレンド」というのが基本的な見方です。ボリバンで買いサイン（売りサイン）が出ているときに、ミドルラインが上向き（下向き）であれば、その後上昇する（下落する）可能性が高いと考えることができます。

基本的に、ミドルラインの方向に合わせてエントリーすれば、トレンドに対して順張りのトレードになるのでリスクを抑えることができます。

ボリンジャーバンドの基本的な使い方

ボリンジャーバンドの構成

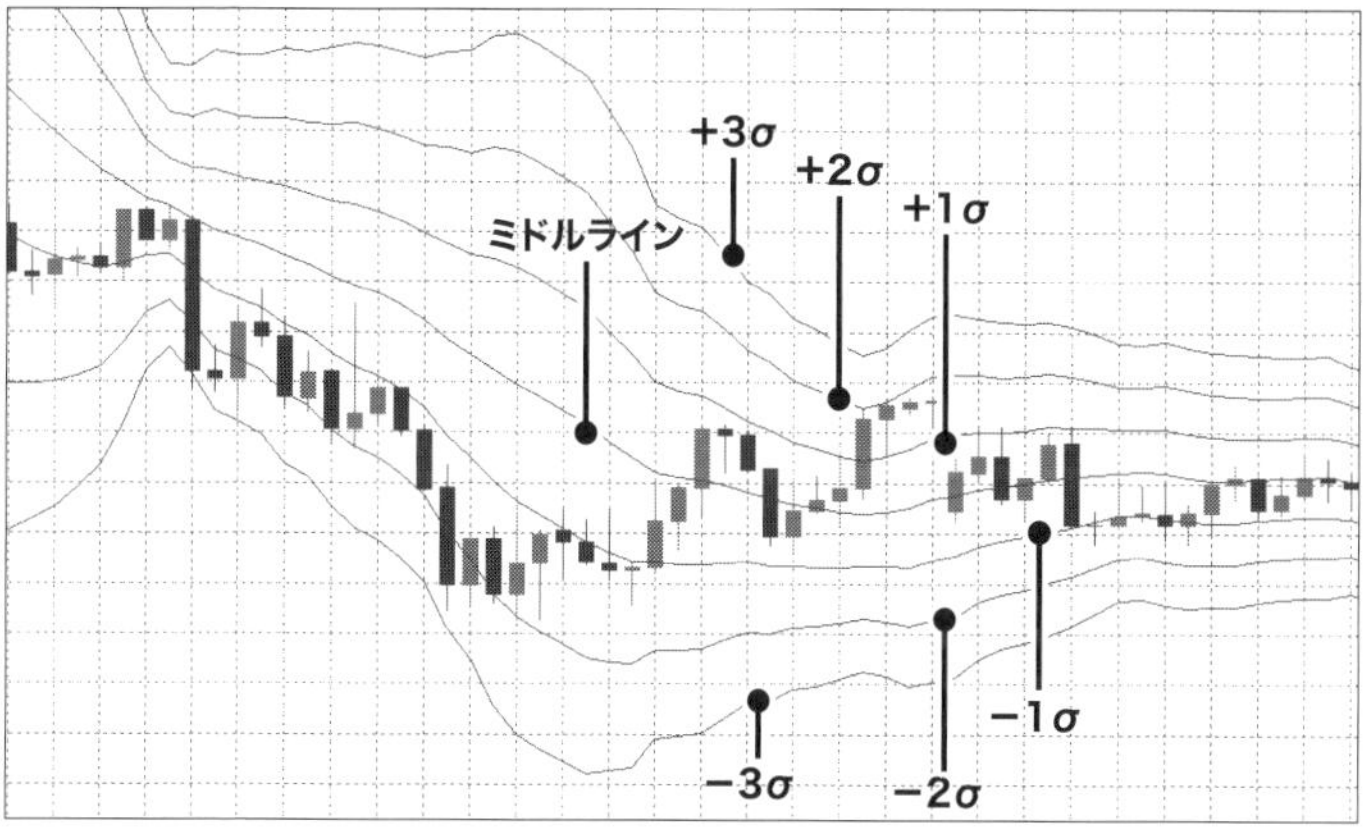

ボリバンは最大７本のラインでトレンドの方向やトレンドの強弱がわかる。

σラインの使い方

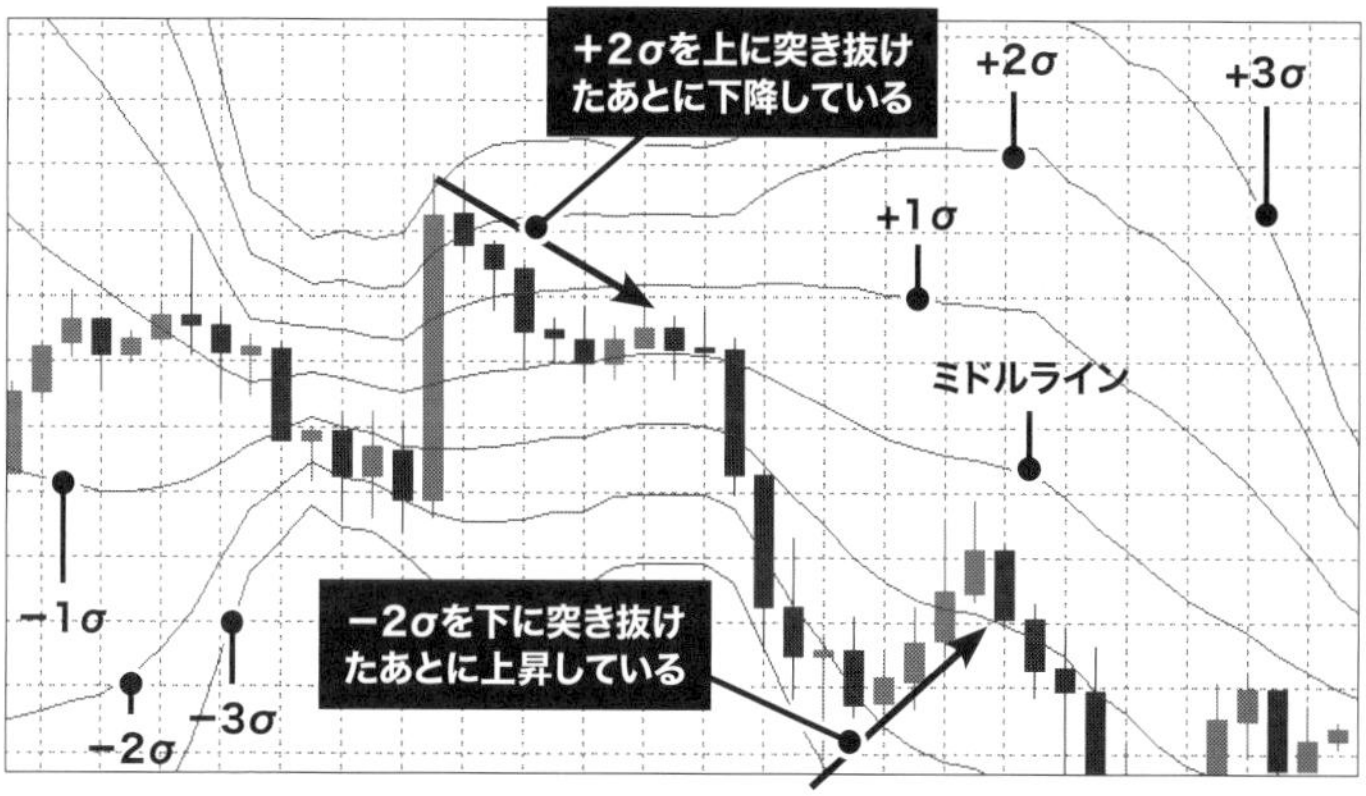

±2 σを突き抜けると反発しやすいため売買サインになる。±3 σも突き抜けたあとに反発する可能性は高い。

目次

第3章

第4章 199 シチュエーション別パターン分析

必ずお読みください

FXはリスクを伴う金融商品です。本書で紹介している内容によっての投資の結果に著者、および出版社は責任を負いません。実際の投資を行う際にはご自身の責任においてご判断ください。

第1章

稼いでいる人がボリバンで見ているポイント

ＦＸ初心者からベテラントレーダーまで愛用するボリバン。なぜ稼いでいる人はボリバンを使うのか、負けている人とどのような違いがあるのか、まずは大きな視点で確認していこう。

01

ボリバンで相場環境を確認する

相場環境からさまざまな情報が得られる

「ボリバンを使う理由は相場環境がわかりやすい」これが本書で紹介するトレーダーたちがボリバンを使う理由です。

ミドルラインの方向でトレンドの方向性がわかり、σラインの動きでトレンドの強弱を計ったり、ローソク足とσラインの位置関係で今後の動きを占えます。

また、相場の過熱感を計ることができることも大きな特徴です。とくにローソク足がσラインに張り付くバンドウォーク（56ページ参照）が発生したときは、相場が過熱しており、一方的に進んでいる状況と判断できます。

相場の過熱感がわかる

ボリバンではバンドウォークの発生で相場の過熱感を感じ取ることができます。バンドウォークが発生しているということは、相場が加熱しており、一方方向に動きやすいので順張りトレードにとっては絶好の機会になります。逆に逆張り主体の人にとっては、トレードしてはいけない相場ということがわかります。（サイキックスさん）

ボリバンだけでトレードができる

ボリバンの強みは、ボリバンだけでトレードが完結しやすい点にあります。ボリバンは前述したようにトレンドの方向性や強さを判断できるうえに、ローソク足がミドルラインやσラインを突き抜けたことを売買サインとすることもできるので、ボリバンひとつだけでも売買するのに耐えられる設計になっています。

もちろん、ほかのテクニカル指標の併用も有効ですが、無理なくひとつのテクニカル指標でトレードを完結できるので、チャート画面をすっきり表示させたい人にとってもオススメできます。

単独で完結している

ボリバンはダマシが少なく、単独でトレードを完結できる機能があるのがメリットです。エクスパンションやスクイーズ、バンドウォークなどの機能を使いこなせば、エントリーからイグジットまでをひとつのテクニカル指標で完結できるので、シンプルなトレードが行えます。(エマさん)

相場の状況がわかりやすい

ボリバンにはさまざまな機能が備わっている

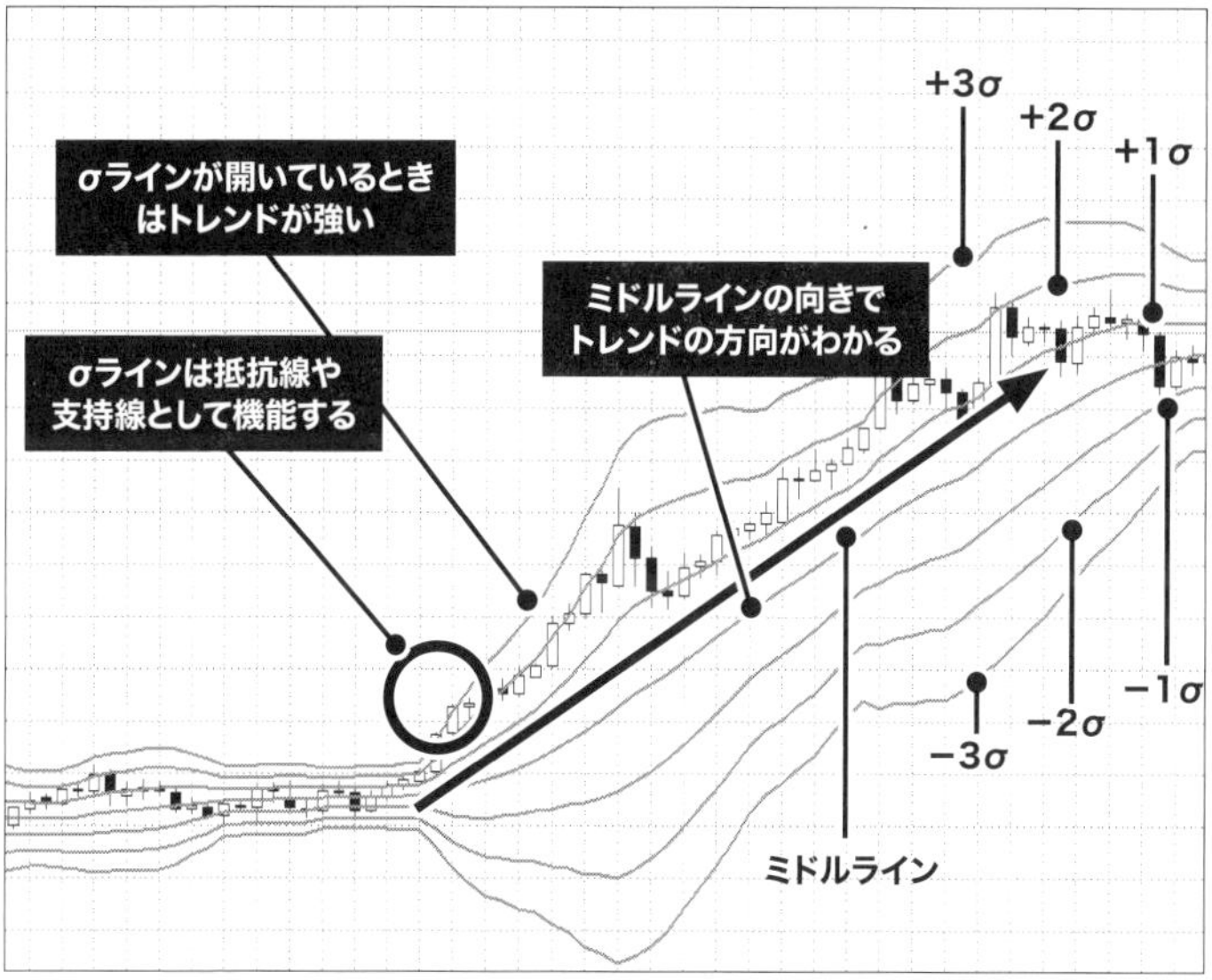
σラインが開いているときはトレンドが強い
σラインは抵抗線や支持線として機能する
ミドルラインの向きでトレンドの方向がわかる
+3σ
+2σ
+1σ
−1σ
−2σ
−3σ
ミドルライン

σラインでトレンドの強さを判断し、ミドルラインでトレンドの方向性がわかる。また、σラインやミドルラインは抵抗線や支持線として機能する。

パッと見て相場の状況がわかる!

02

σラインだけでトレードする人は負ける

▼トレンドを見ずにトレードするのはＮＧ

ボリバンを使っていて負けている人の共通点はσラインを超えたことだけを理由にエントリーすることです。

ケッティーさんは「±２σを超えたからといってなんでもかんでも逆張りしてしまうような人は勝てません」と言います。

エントリーするときは、相場の状況を確認することが大事です。たとえば、相場が全体的に下降トレンドのなかで、ローソク足がマイナス２σを下に突き抜けたからといって、逆張りで買いエントリーするとうまくいかないことが多いでしょう。下降トレンド中にローソク足がマイナス2σを下に突き抜ける動きは、そのまま下降トレンドが継続する可能性も高く、買いエントリーには適していないといいえます。

これは、ダマシというわけではなく、そもそもの使い方が間違っているというのがバンビさんの意見です。

また、つくしさんも指摘します。

「そもそも、トレンドを見ずにトレードをしていては勝てません。せめて、ミドルラインを見るだけでも結果は大きく変わります。また、ほかの時間足のチャートから全体的なトレンドがどうなっているのかを確認することも重要です。たとえば、4時間足でトレードするなら、4時間足のトレンドだけでなく、1時間足や日足のトレンドもチェックして、全体的な動きを見ることも大事です。極端な話、4時間足でトレードするときは、日足のトレンドに逆らわないエントリーをするというルールを作るだけでも、結果は変わります。」

トレンドは大事

トレンドをないがしろにする人が多いのですが、トレードするうえでもっとも重要といっても過言ではありません。とくに中長期トレードの場合は、トレンドを確認せずにトレードすることは自殺行為に等しいとも言えます。必ず、トレンドを確認するようにしましょう。（つくしさん）

ミドルラインでトレンドを確認する

ミドルラインの方向にローソク足が動く

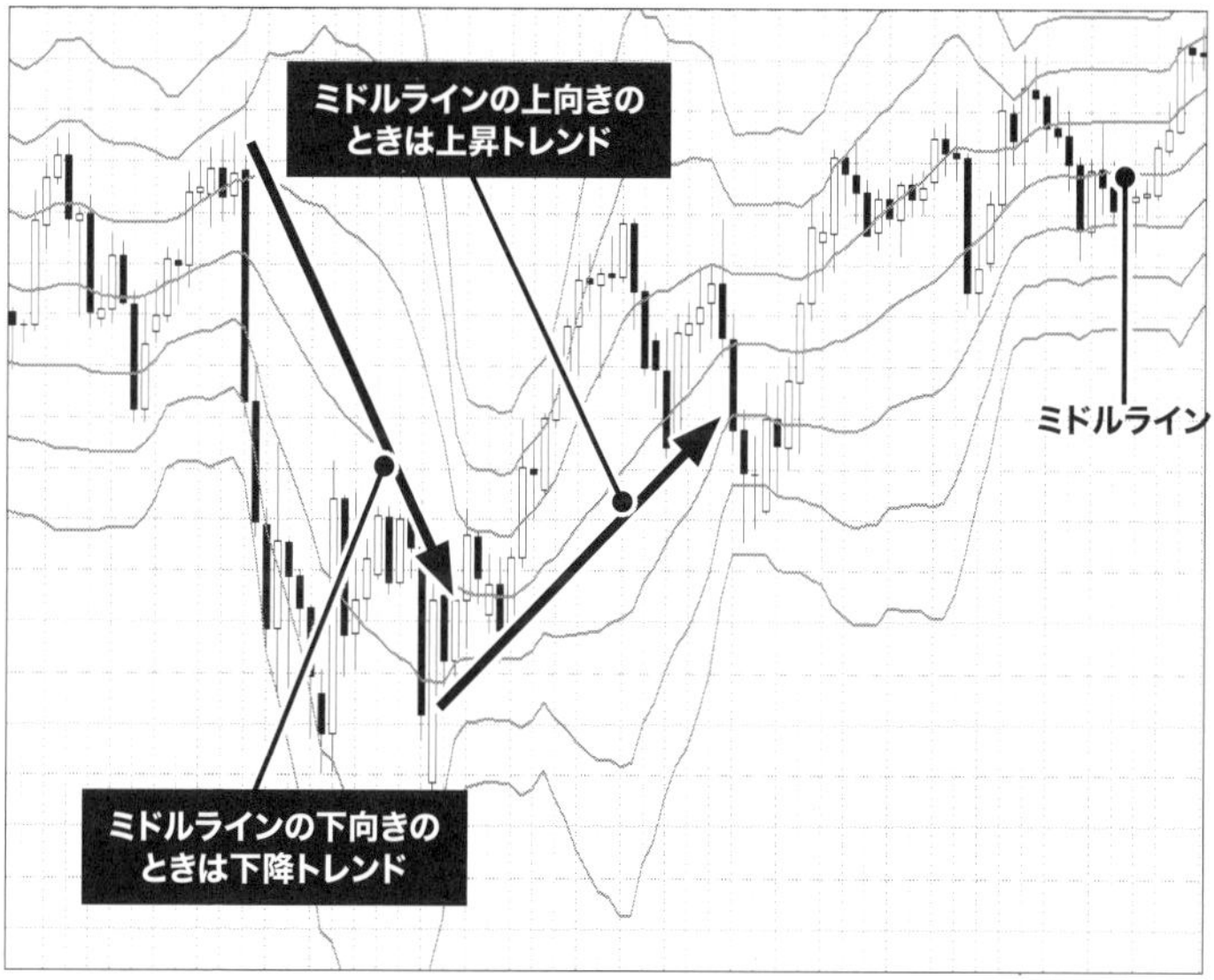
ミドルラインの上向きの
ときは上昇トレンド
ミドルライン
ミドルラインの下向きの
ときは下降トレンド

トレンドはミドルラインが示している。

ミドルラインを見て
トレンドを確認！

まずは、トレンドとボリバンの関係をみていこう

03

ボリバンの動きのパターンを覚える

ボリバンがどのような動きをしているのかを確認する

ボリバンをこれから使いたいという人は、ローソク足の動きとボリバンの動きのパターンを覚えることから始めましょう。

チャートにボリバンを表示して、過去のチャートをさかのぼり、ローソク足が激しく動いているときのボリバンはどんな動きをしているのか、ローソク足の動きが鈍いときはボリバンはどんな動きをしているのかを確認していきましょう。

「基本的にトレードで安定して勝つためには、トレンドをとらえたトレードが必要です。ローソク足が大きく動くときは、ボリバンがどのように動いているのか

を確認しましょう。とくに、サプライズや指標発表などで一過性的に一気に動いているときではなく、長期にわたってトレンドが発生しているときのボリバンの動きに注目しましょう。そこから、そのときのボリバンの動きの共通点を見つけ出し、手法に組み込むことを考えていきます」とエマさんは言います。

チャートを見るとわかりますが、トレンドの始まりにはラインが広がるエクスパンションが発生します。逆にトレンドが終了するとラインが収縮するスクイーズが発生します（52ページ参照）。つまり、ボリバンは、エクスパンションとスクイーズを交互に繰り返しながら推移します。

単純に考えるとエクスパンションが発生したらエントリーし、スクイーズが発生したらイグジットをするというのがボリバンを使った投資の必勝パターンです。また、バンドウォークは一方方向に強力なトレンドが発生しているときに起こる現象なので、こちらも順張りエントリーのチャンスになりやすいパターンです。まずは、このことを理解しましょう。

「ここで注意したいのは、バンドウォークやエクスパンション、スクイーズにもダマシがあるので、そこをいかにして避けるのかも同時に考えます。手っ取り早くダマシを回避する方法は、トレンドを確認することです」とけいめいさんは言います。

ボリバンの動きを見極める

相場はトレンドの発生とトレンドの終了を繰り返しています。トレンド発生時はエクスパンション、終了時はスクイーズが発生するので、ボリバンの動きもエクスパンションとスクイーズの繰り返しになります。まずは、このことを頭に入れてチャートを見てみましょう。（けいめいさん）

エクスパンションとスクイーズは繰り返す

ボリバンの動きを確認しよう

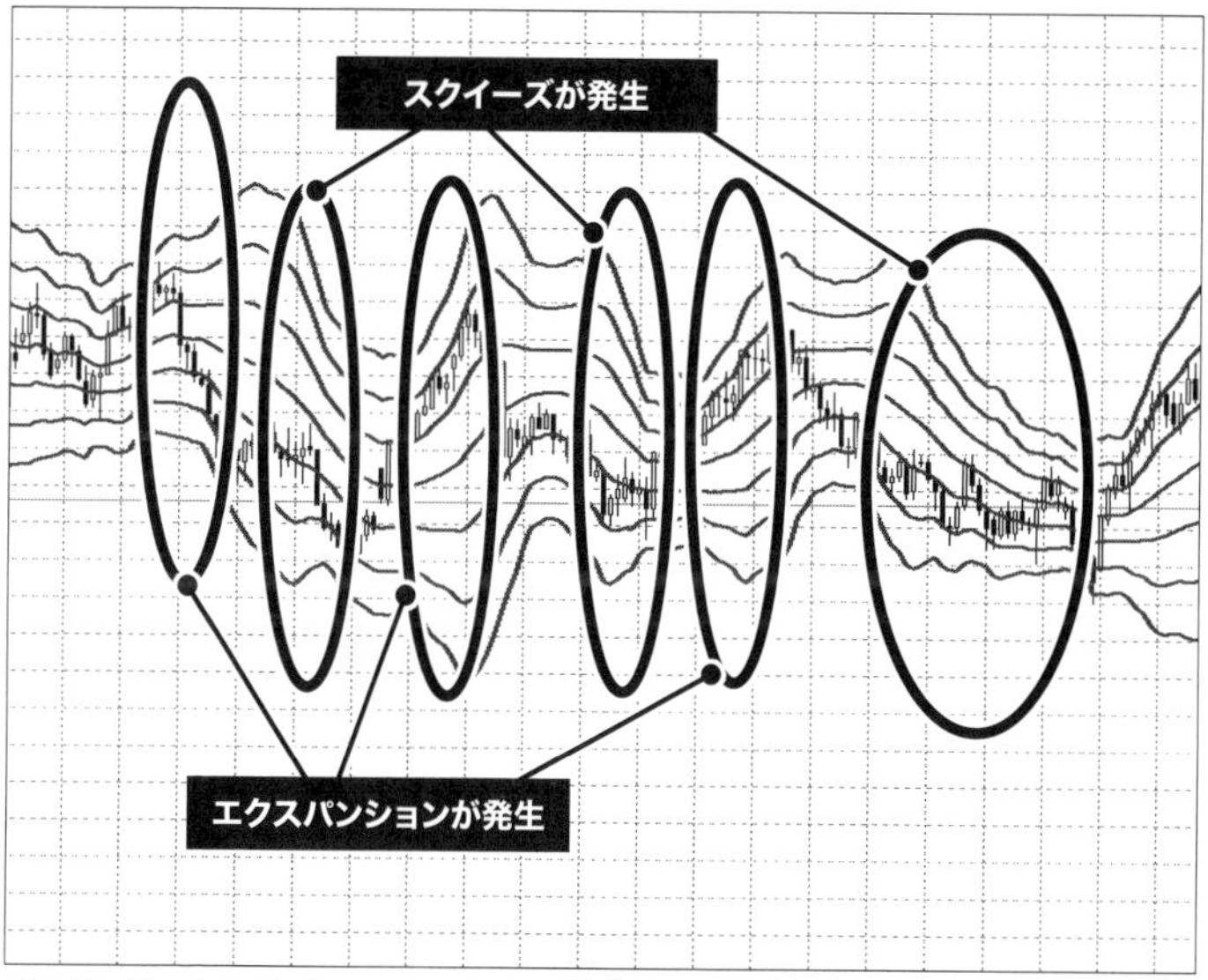
スクイーズが発生
エクスパンションが発生

ボリバンはエクスパンションとスクイーズが繰り返し発生する。

エクスパンションでエントリーを狙います

04

ボリバンは順張りトレードがオススメ

▼ボリバンは順張りトレードが鉄板

ボリバンの使い方として「逆張り」に使うという説明がされることもありますが、なんでもかんでも逆張りするのは危険だといいます。。

「逆張りの定義にもよりますが、トレンドに対して逆張りでエントリーするのは避けたほうが良いですね。長期的なトレンドに対して、ローソク足が±3σや±2σをブレイクしたからといって逆張りをするのは、リスクとリターンが見合っていません。ただし、長期的なトレンドに対しては順張り、短期的なトレンドに対しては逆張りのような形や日足や4時間足などで反発するポイントになっ

逆張りはリスクが高い

逆張りは、トレードによほど慣れていない限りはリスクが高い手法です。トレンドに対しては順張りで、押し目や戻りで逆張り気味にエントリーするくらいなら構いませんが、トレンドに対して逆張りとなると、相当うまくトレードしないと安定して勝つことは難しいと思います。（エマさん）

ている、ボリバン以外でのシグナルが出ているなどといった根拠を持った逆張りなら構いません」とエマさんは言います。

ボリバンの数字に騙されない

ボリバンを逆張りに使う人がよく使うのは、統計学上、±２σ内には95・

４５％の確率で現在値が存在するという言葉です。

しかし、実際にチャートを見ればわかりますが、±２σより外でローソク足が推移することは珍しくありません。±３σまで行けば、相当の確率でσラインの中に戻ってくる可能性が高いのですが、それでもトレンドが反転せずに推移することも少なくないので、トレードするには信頼できません。

「ボリバンだけを使った逆張りについては、エントリータイミングを見極めるのが難しいので、あまりオススメしません。難しい逆張りをするくらいなら、確実性の高い順張りの方が結果的に成績が良くなると思います」とつくしさんは言います。

順張りのほうがトレードしやすい

トレンドに合わせたトレードを心がける

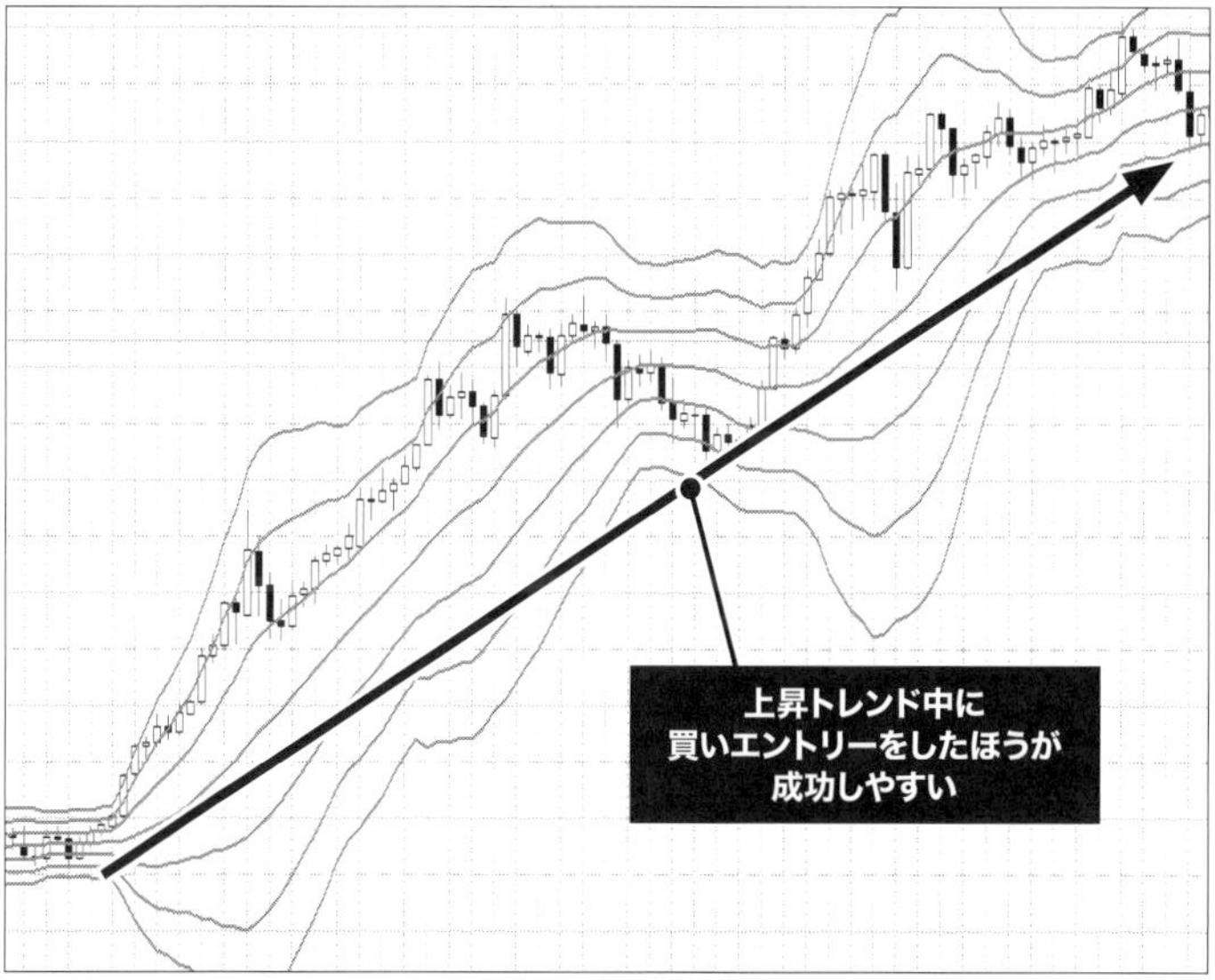
上昇トレンド中に
買いエントリーをしたほうが
成功しやすい

上昇トレンド中に買いエントリーをしたほうが間違いがない。

トレンドどおりに
トレードを行おう

05 他のテクニカル指標と組み合わせるのも有効

▼どこを補強したいでテクニカル指標を選ぶ

ボリバンは、他のテクニカル指標と相性が良いのも特徴です。

前述したようにボリバンだけでも、トレンド確認から売買まで行うことができるので、自分で補強したいと感じる部分についてほかのテクニカル指標と組み合わせるといいでしょう。

たとえば、トレンドの方向性の確認の精度を上げるために短期や長期の移動平均線を併用したり、売買タイミングの精度を上げるためにオシレーター系テクニカル指標と組み合わせたりするのが有効です。

どこを補強したいのかを考える

ボリバンはひとつのテクニカル指標で完結しています。他のテクニカル指標と組み合わせるのであれば、ボリバンのどの部分を補強したいのかを考えましょう。たとえば、トレンド分析の機能を補強したいなら、移動平均線、売買タイミングをわかりやすくしたいならオシレーター系など、自分が必要とするトレンド分析を補強したいのであればトレンド系、売買サインを補強したいならオシレーター系を組み合わせるといいでしょう（バンビさん）

▼テクニカル指標の表示しすぎに注意

ボリバンに限った話ではないですが、テクニカル指標を表示しすぎるのには注意が必要です。

４種類も５種類もテクニカル指標を表示してしまうと、それぞれのテクニカル指標で相場分析をするだけでも一苦労です。とくにローソク足が表示されるチャートの上にトレンド系テクニカル指標を何個も表示させるとラインが何本も表示され、どれがどのラインかぱっと見でわからなくなってしまいます。

表示させるテクニカル指標は多くてもボリバンに加えてふたつ程度に抑えたほうが良いでしょう。

テクニカル指標を増やしすぎない

表示しすぎると見にくくなる

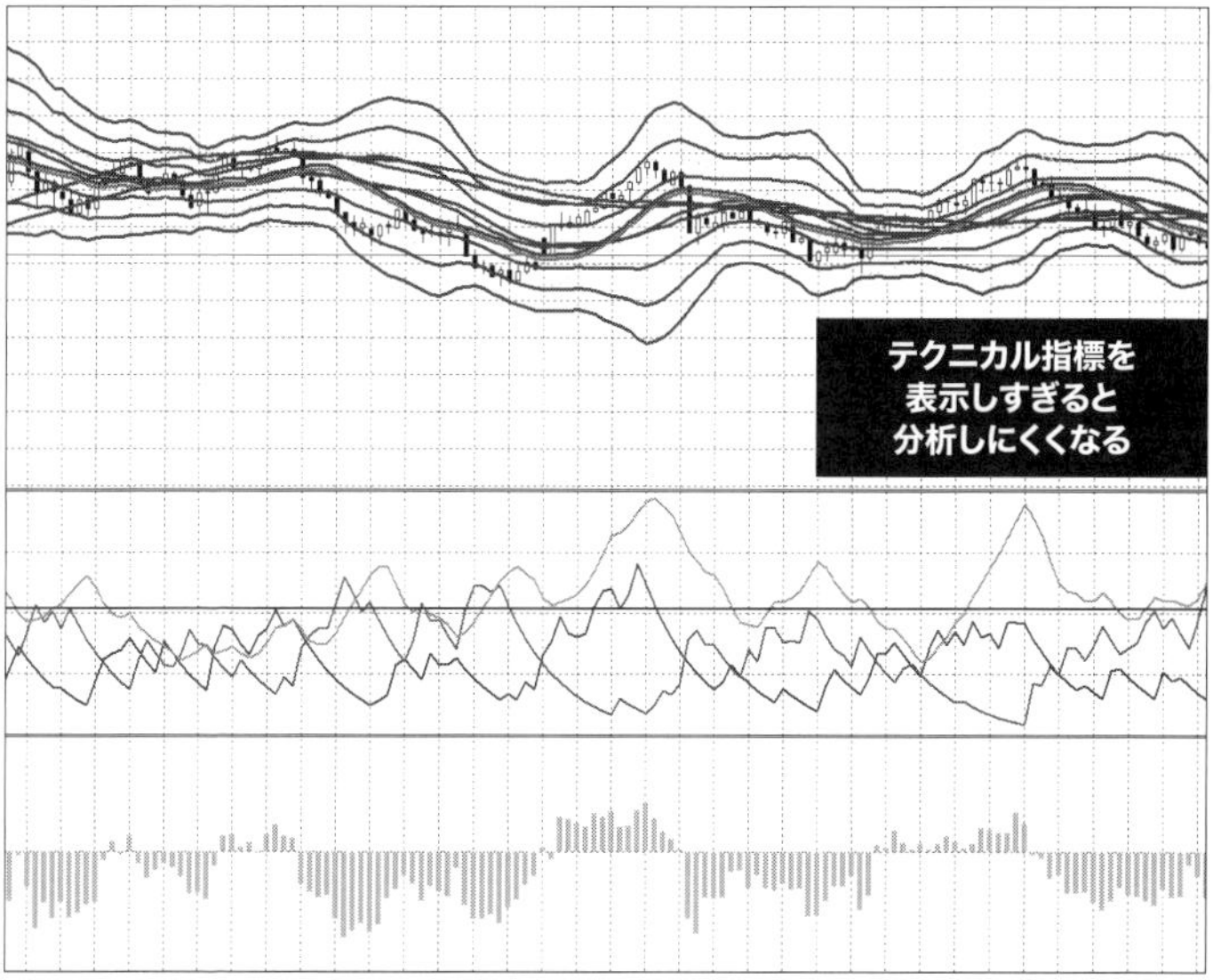
テクニカル指標を
表示しすぎると
分析しにくくなる

テクニカル指標を表示しすぎるとチャートが見にくくなるだけでなく、相場分析にも時間がかかってしまう。

ボリバン以外に
ふたつ程度に抑える

第2章

成功トレーダーたちのボリバンのパーツの見方

ボリバンの基本だけでは稼げるわけではない。成功トレーダーたちは、ボリバンを構成するパーツの動きやローソク足との関連性から相場を読み解いている。成功トレーダーたちが何を見て、どう活用しているのかを解説しよう。

01 ミドルラインはトレンド確認に有効

ミドルラインの正体は移動平均線

ボリバンのミドルラインはミドルラインという名称を使っていますが線を描写する計算方法は「単純移動平均線」と同じです。つまり、使い方も移動平均線と同様です。チャートソフトによっては「指数移動平均線」などに変更することもできますが、その場合はσラインの計算方法も変わってしまうので、注意しましょう。基本的には「単純移動平均線」のまま使う場合がほとんどです。

多くの場合、ボリバンの参照期間は「20」がデフォルト設定になっているので、参照期間「20」の移動平均線として使えます。

使い方としては、ミドルラインの方向から中期的なトレンドの方向を確認したり、抵抗線、支持線としてエントリーやイグジットなどに使うことが有効です。

移動平均線の基本的な使い方と同じ

ボリバンのミドルラインの計算方法は移動平均線と同じです。そのため、使い方や性質は移動平均線と変わりません。移動平均線の基本であるラインの方向を見てトレンドを判断することや、抵抗線や支持線としてエントリーやイグジットの基準にするという使い方もできます。長期移動平均線や短期移動平均線と組み合わせ、ゴールデンクロスやデッドクロスを狙うといった使い方も可能です。（バンビさん）

トレンド確認に利用する

ミドルラインの方向に注目

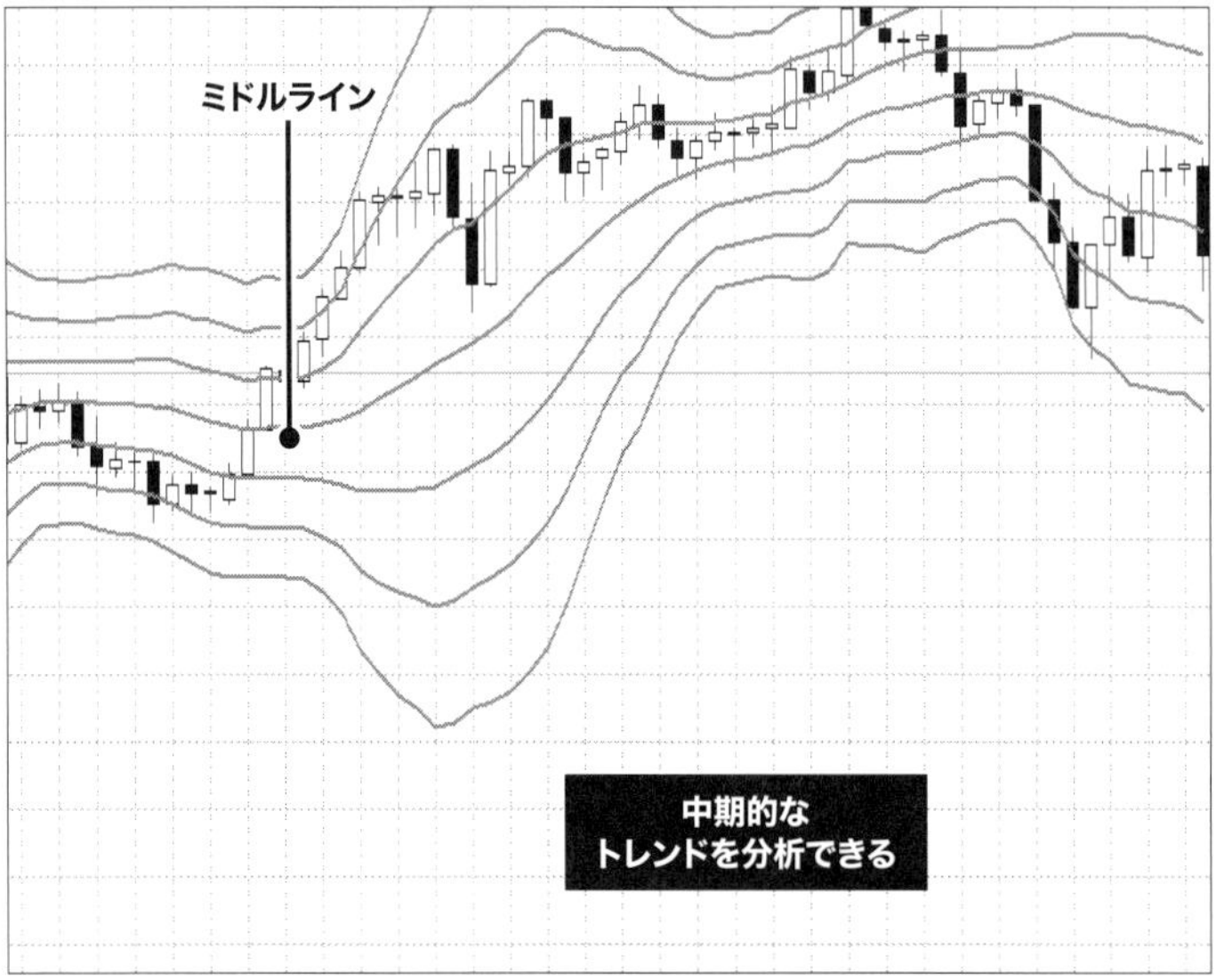
ミドルライン
中期的な
トレンドを分析できる

ミドルラインで中期的なトレンドを確認しながらトレードするのも有効。

支持線や抵抗線としても機能する

トレンドが弱いときは特に反応しやすい

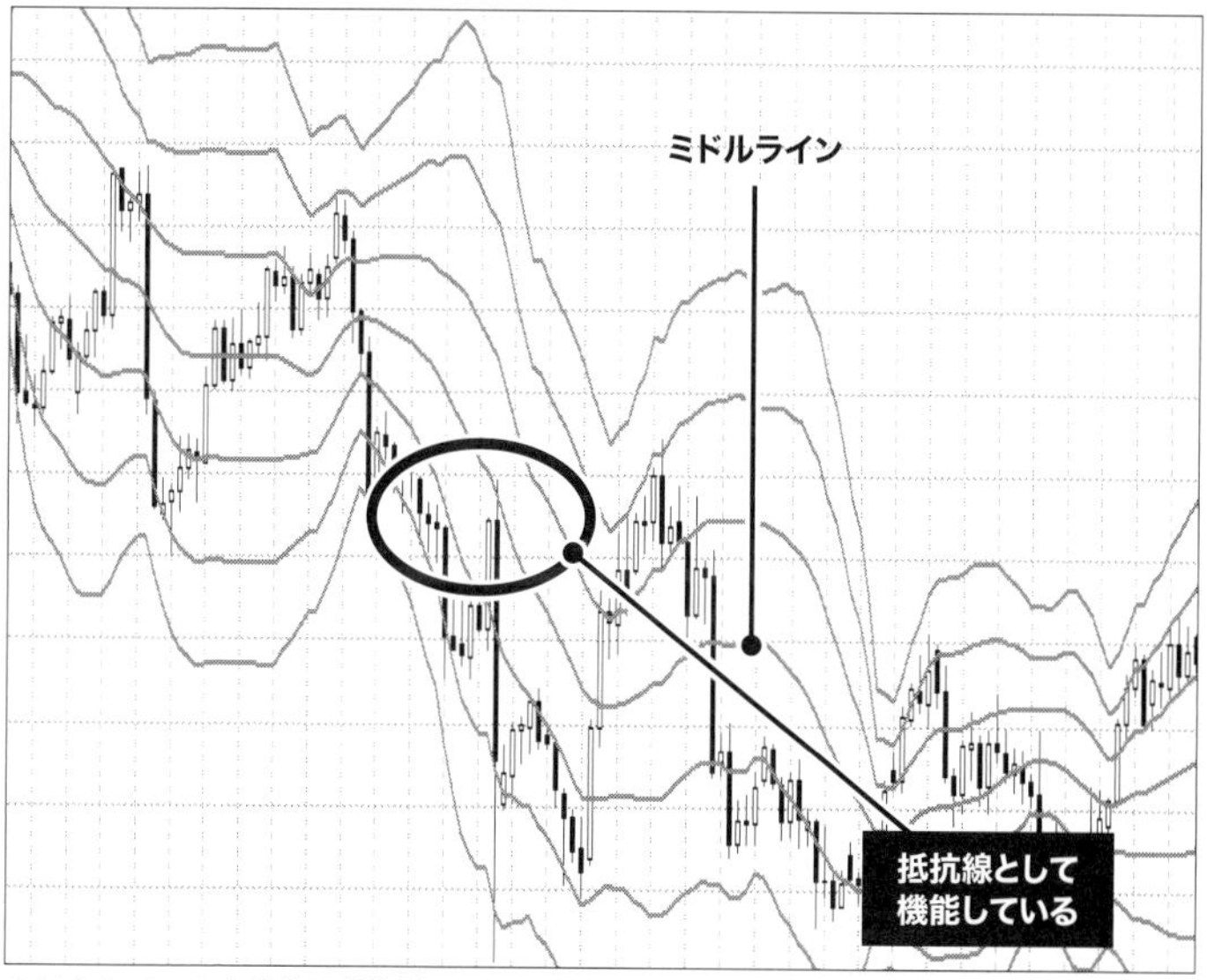
ミドルライン
抵抗線として
機能している

ミドルラインは支持線や抵抗線として機能する。ローソク足がミドルラインを突き抜けたことでトレンド発生の合図になることもある。

ミドルラインは移動平均線とおなじ性質

02

σラインはローソク足との関係に注目する

支持線や抵抗線として機能する

σラインはボリバンのメインともいえるパーツです。

σラインを説明するときによく統計学上で±1σに現在値が収まる確率は68・3％、±2σ内には95・4％、±3σ内には99・7％というものがありますが、これはあまり参考になりません。

「実際チャートに表示してみるとわかりますが、結構頻繁に±2σ外でローソク足が推移しているので、この数字どおりには動いているとは思えません」とつくしさんは言います。

σラインで覚えるべきなのは、±1σ、±2σ、±3σの順に支持線や抵抗線の力が強まるということです。

「見方としては、ローソク足が±1σを突き抜けたら、突き抜けた方向へのトレンドが出たと判断できます。さらに、±2σを突き抜けたら強いトレンドが発生、±3σを突き抜けたらそろそろ勢いが落ちるはず。といった考え方ができます。また、σラインでローソク足が反発したらトレンド転換の可能性が高いといったような考え方もできます」とけいめいさんは言います。

σラインを使うときに気を付けたいのはσラインの位置です。σラインが広がっているときは、抵抗線や支持線として機能しやすいですが、収縮しきっているときは、あまり抵抗線や支持線としては機能しません。

また、±3σはローソク足が突き抜けたあと、反転することが多いため、通常の抵抗線や支持線のように突き抜けたからといって順張りエントリーするのは、リスクが高いといえます。

±3σは特別

σラインは支持線や抵抗線として機能します。そのため、ローソク足がσラインを突き抜けたり、反発したときに順張りでトレードするのは有効です。ただし、±3σの場合は、突き抜けたあとに反転することがあるため、突き抜けた方向にエントリーするのはやめましょう。（つくしさん）

支持線や抵抗線として機能する

ローソク足がσラインで反発しやすい

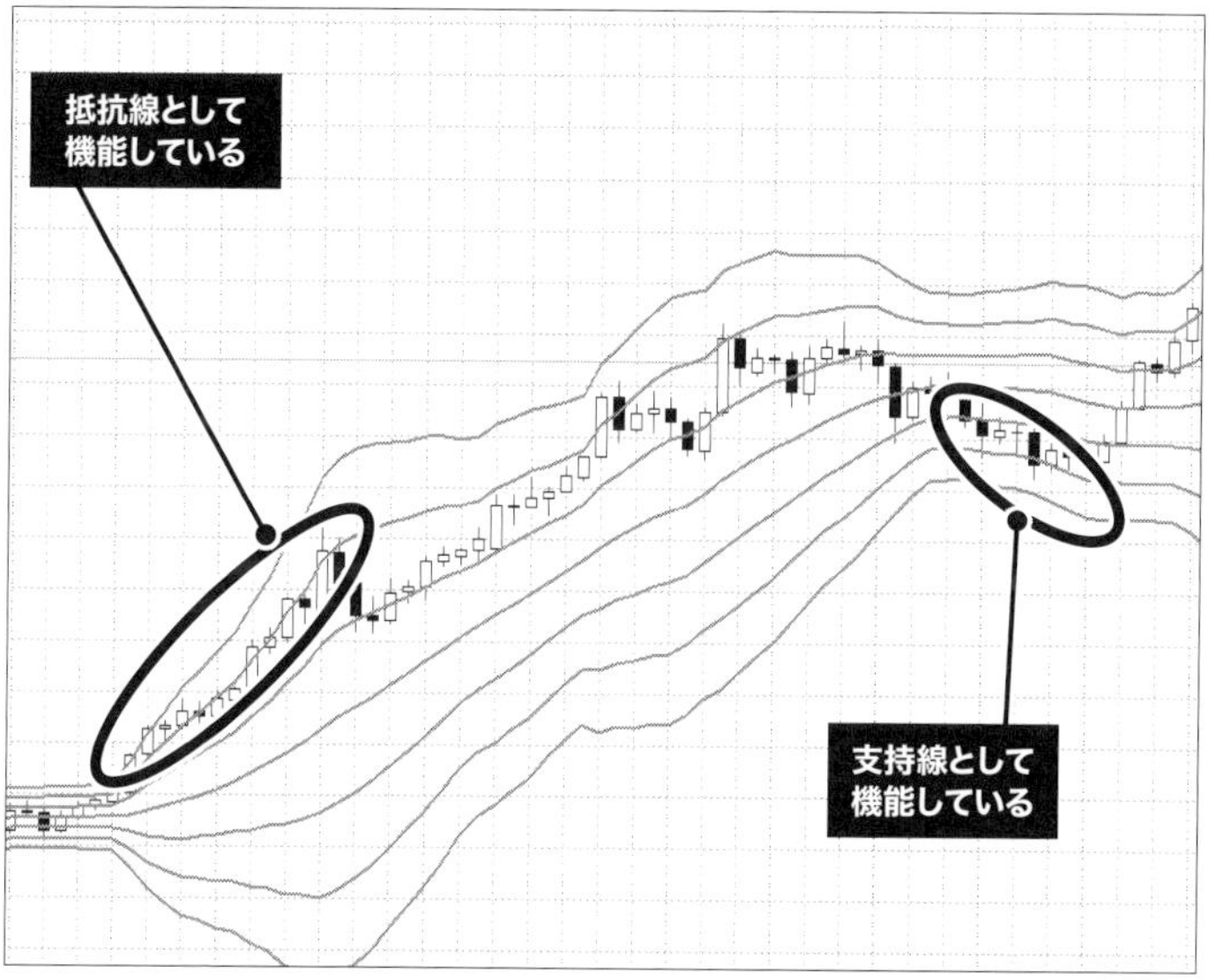
抵抗線として
機能している
支持線として
機能している

σラインは支持線や抵抗線として機能する。ローソク足がトレンドと同じ方向にσラインを突き抜けると大きく動きやすい。

ローソク足がσラインを突き抜けるとエントリーチャンス

03

エクスパンションとスクイーズを手法に組み込む

▼ボリバンならではの動き

ボリバンにはスクイーズとエクスパンションと呼ばれる動きがあります。スクイーズとは押しつぶすという意味で、σラインが収縮して押しつぶされはじめた状態を指します。ボリバンがこの状態になっているときはトレンドが終了していることを意味し、もみ合い相場や直前のトレンドとは反対方向に推移することが多い傾向にあります。

エクスパンションは、スクイーズとは逆にσラインが開いている状態を意味します。この形状は強いトレンドが発生することで形成されます。そのため、エントリーするには適した状況とも言えます。

エクスパンションとスクイーズは交互に発生します。そのため、エクスパンション発生時にエントリーし、スクイーズが発生したらイグジットするのが基本です。

エクスパンションはエントリーのチャンス

エクスパンションはトレンド開始の合図です。そのため、エントリーのチャンスになりやすい傾向があります。逆にスクイーズはトレンド終了の合図なのでイグジットのサインになります。エクスパンションでエントリーし、スクイーズでイグジットという基本を押さえつつ、ダマシの回避や、細かなエントリーやイグジットのタイミングを考えることで勝てるボリバンを使った手法になります。（エマさん）

エクスパンションでトレンド発生

σラインが開いている状態

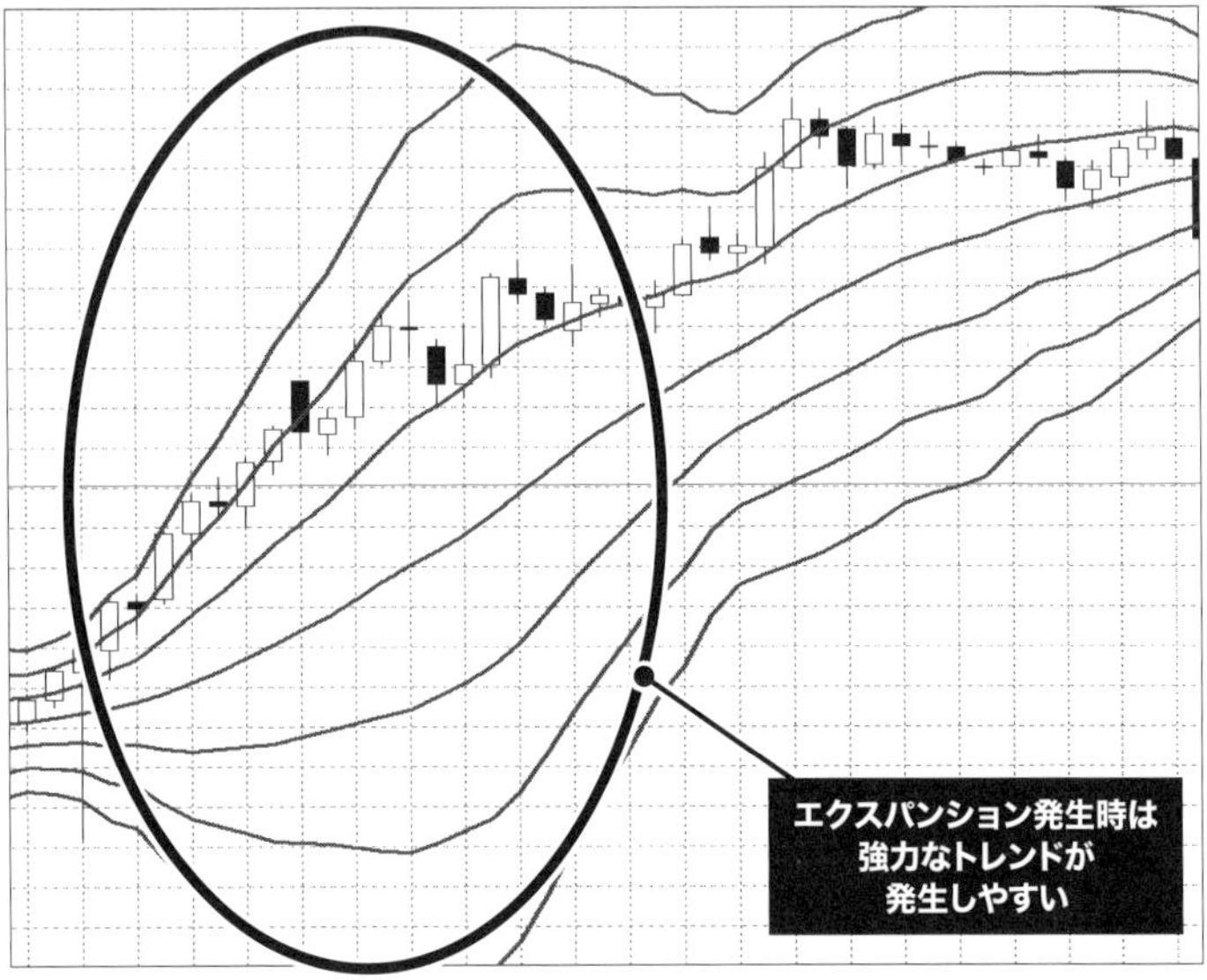
エクスパンション発生時は
強力なトレンドが
発生しやすい

エクスパンションが発生したときはエントリーチャンスになりやすい。

σラインが広がりはじめたらチャンスです

スクイーズでトレンド終了

σラインが閉じている状態

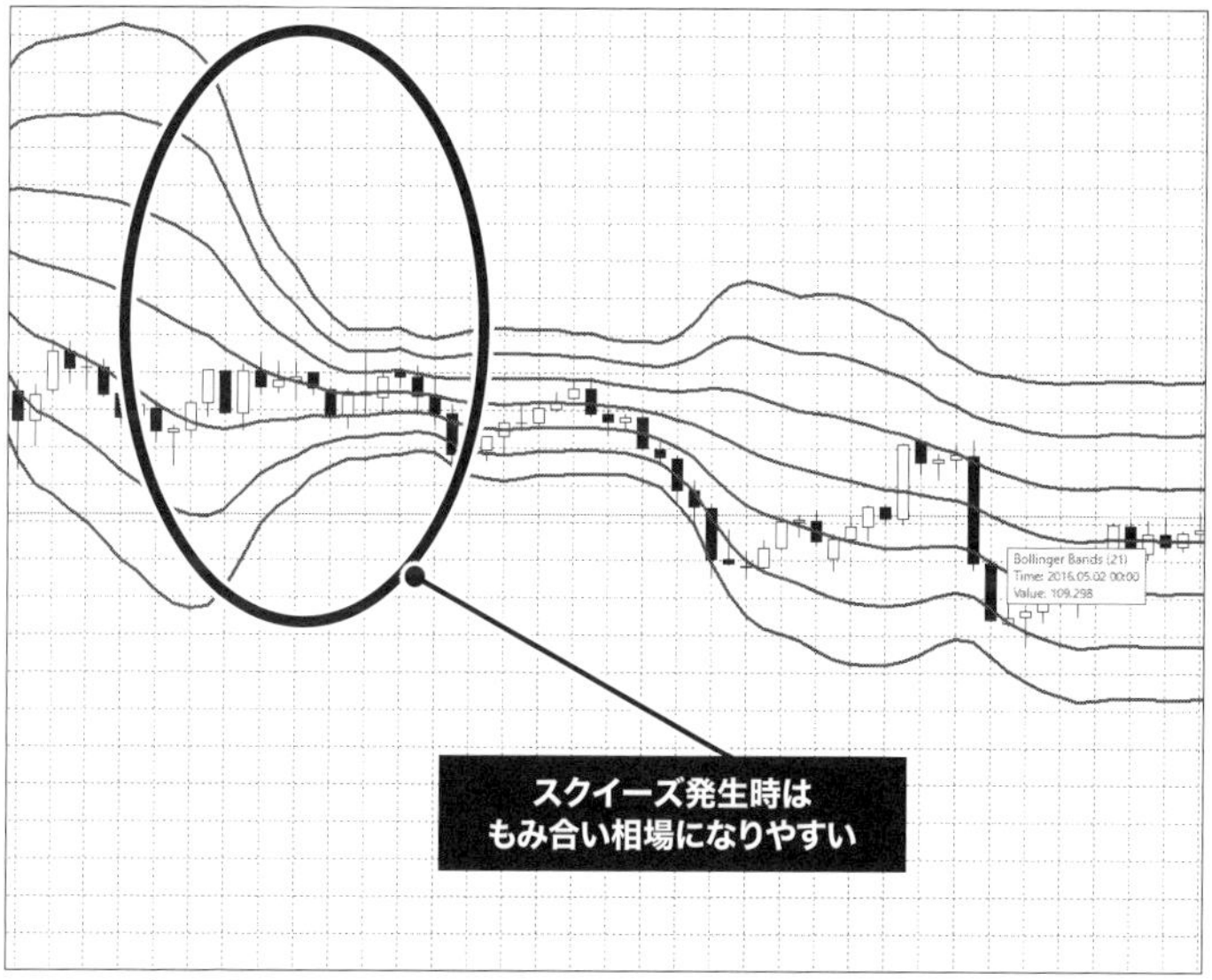
Bollinger Bands (21)
Time: 2016.05.02 00:00
Value: 109.298
スクイーズ発生時は
もみ合い相場になりやすい

スクイーズが発生するともみ合い相場になりやすく、イグジットのタイミングになりやすい。

スクイーズが発生すると
ローソク足の動きが
反転することもあります

04

バンドウォーク時のトレードはハイリスクハイリターン

▼強力なトレンドが発生しているサイン

ボリバンには「バンドウォーク」と呼ばれる状態があります。バンドウォークとはエクスパンション発生中に、±2σや±3σに沿うようにしてローソク足が推移している状態です。バンド(σライン)を歩くように動くためバンドウォークと呼びます。これは、非常に強力なトレンドが出ているときに発生します。

本書で紹介するトレーダーの中には、投資資金の状況によってバンドウォークを狙うという人もいます。

「強力なトレンドが発生したあとは、リバウンドの危険性があるので、リスクが高い相場ということも理解しましょう。その分リターンも期待できます」とつくしさんは言います。

バンドウォーク中にトレードする場合は、σラインからローソク足が離れたらイグジットすると考えている人が多い傾向にあります。

「バンドウォークの終了はローソク足がバンドから離れたことで判断しますが、その後はトレンドが反転する可能性を考えイグジットします。よっぽど強いトレンドが出ない限りは短期間でバンドウォークは終わるので、ポジション保有中はできるだけチャートをチェックするようにしたほうがいいでしょう」

また、ポジション保有中にバンドウォークが発生したときも、バンドウォーク終了後のトレンド反転に気をつけるようにしましょう。せっかく得ていた含み益を失う可能性もあるので、自分が納得できる含み益を得ている場合は、バンドウォークが始まった時点で利食いするのもひとつの手です。

バンドウォークのリスクを知っておこう

バンドウォークは強力なトレンドが発生している合図なので、チャンスと考える人も多いのですが、リスクも高いということを念頭に入れておきましょう。バンドウォーク時にどのようなトレードをするかは人それぞれですが、どれくらいのリスクがあるのかを知っていないと思わぬ損失を出してしまうことがあります。（つくしさん）

バンドウォーク時は強力なトレンドが発生

ローソク足がσラインに張り付いている状態

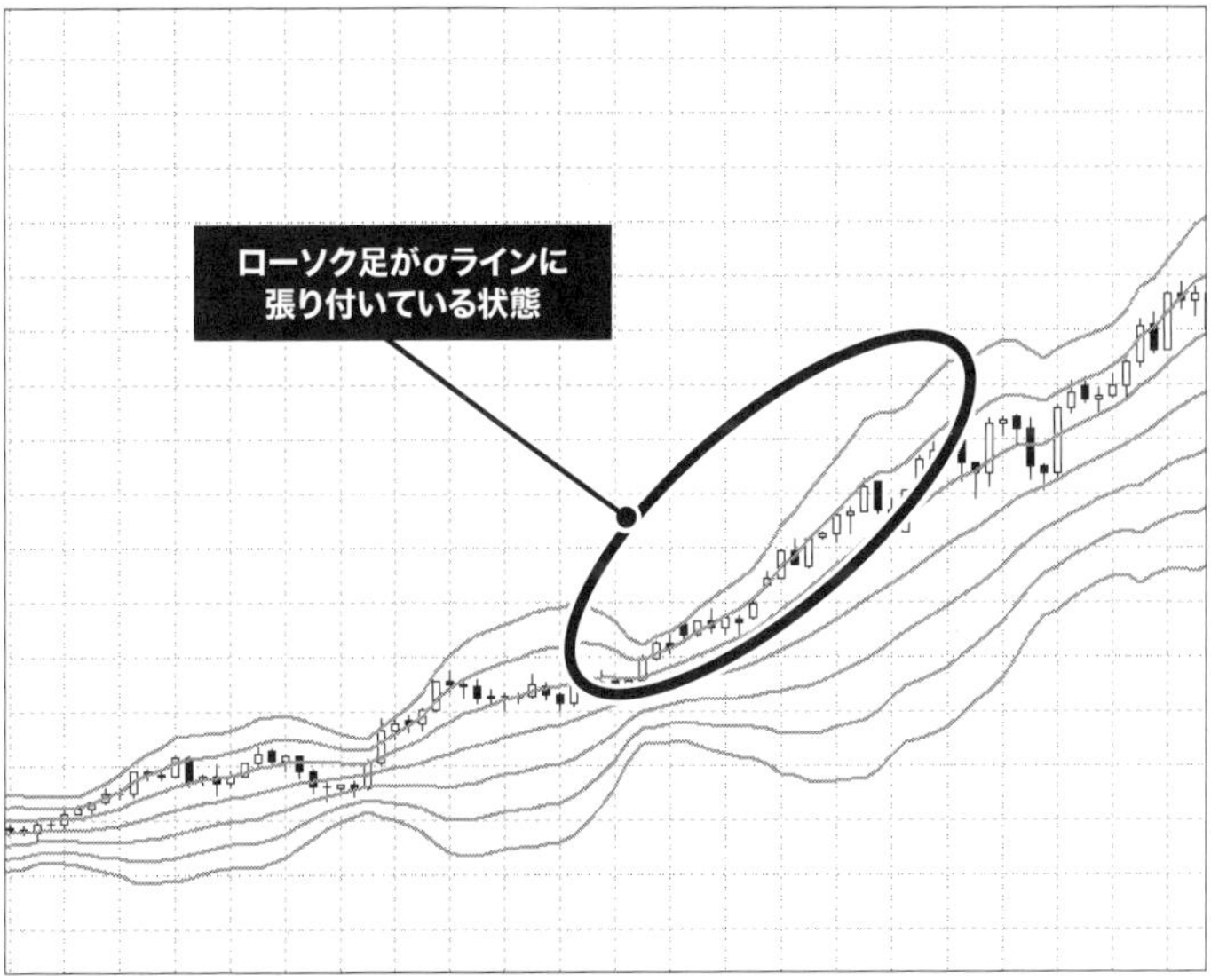
ローソク足がσラインに
張り付いている状態

バンドウォーク発生中は大きな利益が狙える一方で、大きな損失の可能性もあるので、リスクとリターンを考えてトレードする。

余裕があるときは
狙うのもあり

基本的に好きな通貨ペア、好きな時間帯にトレードしてＯＫ

05

時間帯と通貨ペアに縛りはない

▼どんな時間帯や通貨ペアでもＯＫ

ボリバンはどの時間帯、どの通貨ペアでも問題なく機能します。

ただし、値動きは時間帯によって異なるので、短期トレードを行う場合には、自分にとってトレードしやすい時間帯を見つけることが大事です。

また、通貨ペアについてはどの通貨ペアでも構いませんが、基本的には米ドル／日本円やユーロ／日本円などのメジャーな通貨ペアに絞ったほうが良いでしょう。マイナーな通貨ペアはメジャーな通貨ペアに比べ、テクニカル指標が通用しない思わぬ動きをすることが多いので、わざわざ選ぶ必要はありません。

「マイナーな通貨ペアはその国の情報が日本に入りにくいですし、ボラティリティの問題で、急騰や急落が起きやすくなります。平常時はボリバンが機能していても、急騰や急落時はそれらのテクニカルが機能しなくなるので、リスクが高いと言えます。もちろん、メジャー通貨も急騰や急落はしますが、ほとんどの場合においてその理由がわかります。マイナーな通貨ペアは急騰や急落してもすぐには理由がわからない点も避けたほうが良い理由です」とバンビさんは言います。

ボリバンに限らず、テクニカル指標を使ったトレードをするならメジャー通貨がオススメというのが本書で紹介するトレーダーの共通意見です。

第3章

稼ぐトレーダーのボリバン手法

実際にボリバンを使って稼いでいる人はどのような手法を使っているのか気になるだろう。ボリバンを使って稼ぐ現役トレーダー6人のトレード手法を解説しよう。

ボリバンと長期移動平均線を使った長期トレード

01
バンビさんの手法

私のトレードのポイント

ボリバンと移動平均線を組み合わせた長期トレードです。基本、朝〜昼にチャートをチェックして、強いトレンドが出ているときに絞ってトレードをします。

バンビさん

移動平均線とボリバンを使う

バンビさんの投資手法は、4時間足や日足、週足に表示した移動平均線でトレンドを確認し、そのトレンドに合わせて4時間足にボリンジャーバンドを表示してトレードをします。

ポジションの保有期間は状況によって異なりますが、長いときは、数カ月にわたって保有し続けることもあります。

使用するテクニカル指標の設定は次のようになります。

移動平均線

参照期間「200」

ボリバン

参照期間「20」

σライン「±1σ」「±2σ」「±3σ」

ローソク足

「4時間足」「日足」

基本的に、4時間足や週足、日足の長期トレンドをつかんでトレードの方向性を決めます。売買を行うためのタイミングをはかるのは日足や4時間足ですが、どの時間足でもチャート上に表示するテクニカル指標の種類は変わりません。

また、通貨ペアは米ドル/日本円やユーロ/日本円、英ポンド/日本円などがメインですが、そのほかの通貨ペアでもチャンスがあればトレードをします。

バンビさん

バンビさんのチャート画面

ボリバンと移動平均線を表示する

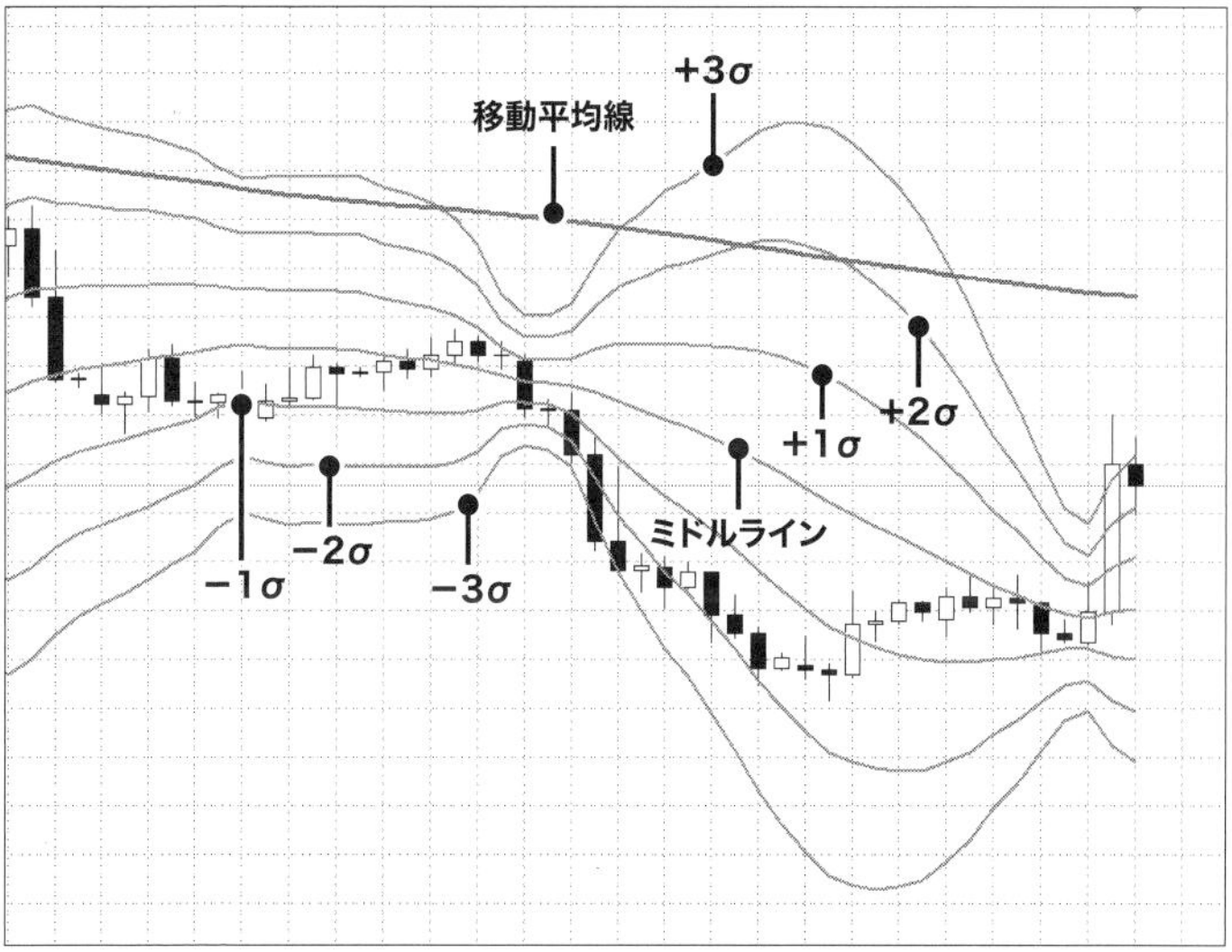

4 時間足と日足に参照期間 20 のボリバンと参照期間 200 の移動平均線を表示する。

トレンド状況を移動平均線とミドルラインで判断する

02

移動平均線とミドルラインでトレンドの強さも確認

私の相場分析のポイント

ボリンジャーバンドのミドルラインと移動平均線でトレンドを確認します。トレンドの方向だけでなく、トレンドの性質も同時に確認し、相場環境がどのようになっているのかを確認します。

バンビさん

移動平均線とミドルラインでトレンドを確認する

エントリー前にトレンドの方向を移動平均線で以下のようにして確認します。

①移動平均線が上昇していれば「上昇トレンド」
②移動平均線が下降していれば「下降トレンド」
③移動平均線の向きがはっきりしないときは「トレンドがない」

基本的にトレードをするのはトレンドが出ている①と②のときのみです。③のときは、トレードの方向性を決めることができないので、様子見のタイミングです。また、ミドルラインと移動平均線の位置関係でトレンドの性質を確認しています。たとえば、移動平均線とミドルラインが同じ方向を向いている場合は短期的にも長期的にも強いトレンドが発生していると判断し、上昇（下降）トレンドのときはミドルラインが移動平均線を上（下）抜いていれば短期的に強いトレンドが発生していると判断します。

ここでいう短期的というのはだいたいローソク足10本分程度を目安にしています。たとえば、４時間足なら40時間程度、日足なら10日程度になります。長期的と考える場合はだいたいローソク足１００本程度が目安です。つまり、４時間足なら４００時間、日足なら１００日程度になります。

トレードするかどうかの判断は４時間足のトレンドで決めますが、トレード枚数は日足や週足のトレンド状況によって変わります。たとえば、４時間足だけが上昇トレンドで、日足と週足が下降トレンドだった場合は、信頼性が比較的低いと考え、枚数は少なめで買いトレードします。４時間足、日足、週足のすべてが上昇トレンドなら信頼性が高いと考え、枚数を多めにして買いトレードをします。

バンビさん

相場状況を確認する

短期的な強いトレンドの判断

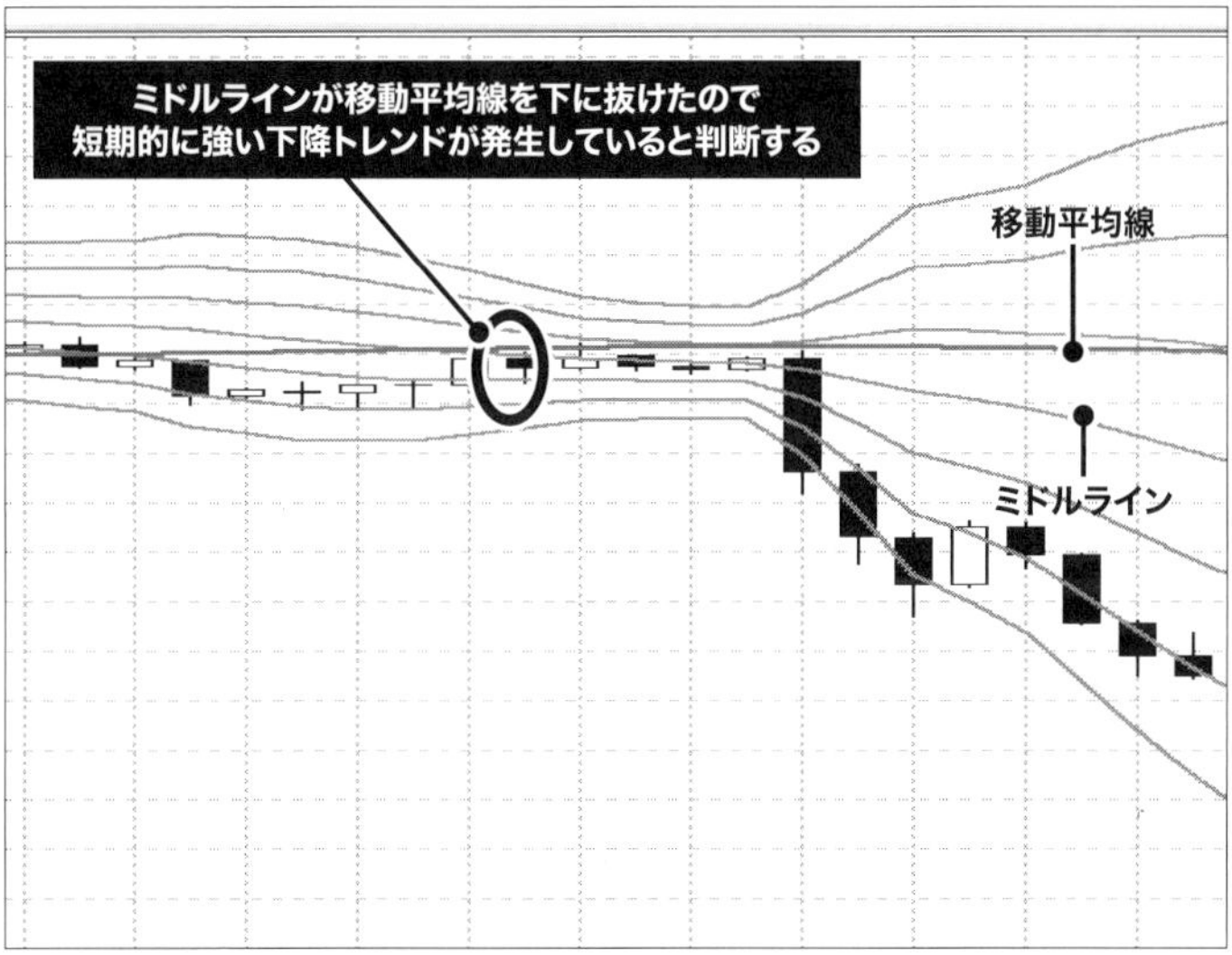
ミドルラインが移動平均線を下に抜けたので
短期的に強い下降トレンドが発生していると判断する
移動平均線
ミドルライン

ミドルラインと移動平均線でトレンドを確認し、トレンドの方向とトレンドの強さを判断する。

トレンドが出ているときが
トレードのチャンス

押し目や戻りを確認したらエントリー

03

押し目や戻りを狙ってエントリー

私のエントリーのポイント

強いトレンドが出ているときに、ボリンジャーバンドのミドルラインやσライン付近でローソク足の押し目や戻りを確認したらエントリーします。また、相場の状況によってトレード枚数は調整します。

バンビさん

ボリバンとローソク足でエントリーする

具体的なエントリータイミングは、押し目をつくったあとの上昇や、戻りをつくったあとの下落を狙います。

押し目とは上昇トレンド中に一時的に下落することで、戻りは下降トレンド中に一時的に上昇することです。押し目後の上昇や、戻り後の下落はまだトレンドの力が強いことを示すサインになるため、このタイミングでエントリーを行います。

上昇トレンドのときは、ローソク足がミドルラインやプラス1σ、プラス2σ付近で押し目↓上昇で買いエントリー。下降トレンドのときは、ローソク足がミドルラインやマイナス1σ、マイナス2σ付近で戻り↓下落が発生したら売りエントリーします。

エントリーするときは、状況から総合的に判断してエントリー枚数を変えます。前述したトレンドの強さや性質に加えて、ローソク足が±2σを突き抜けたときは、±1σを突き抜けたときよりも信頼性が高いと判断します。これらの状況から総合的に判断して通常のエントリー枚数に対して最大で3割程度まで枚数を増やしてエントリーします。

売りサイン

下降トレンド中に、ミドルラインやσラインでローソク足が戻りを作ったあとに下落したとき

買いサイン

上昇トレンド中に、ミドルラインやσラインでローソク足が押し目を作ったあとに上昇したとき

バンビさん

エントリータイミング

買いエントリーの場合

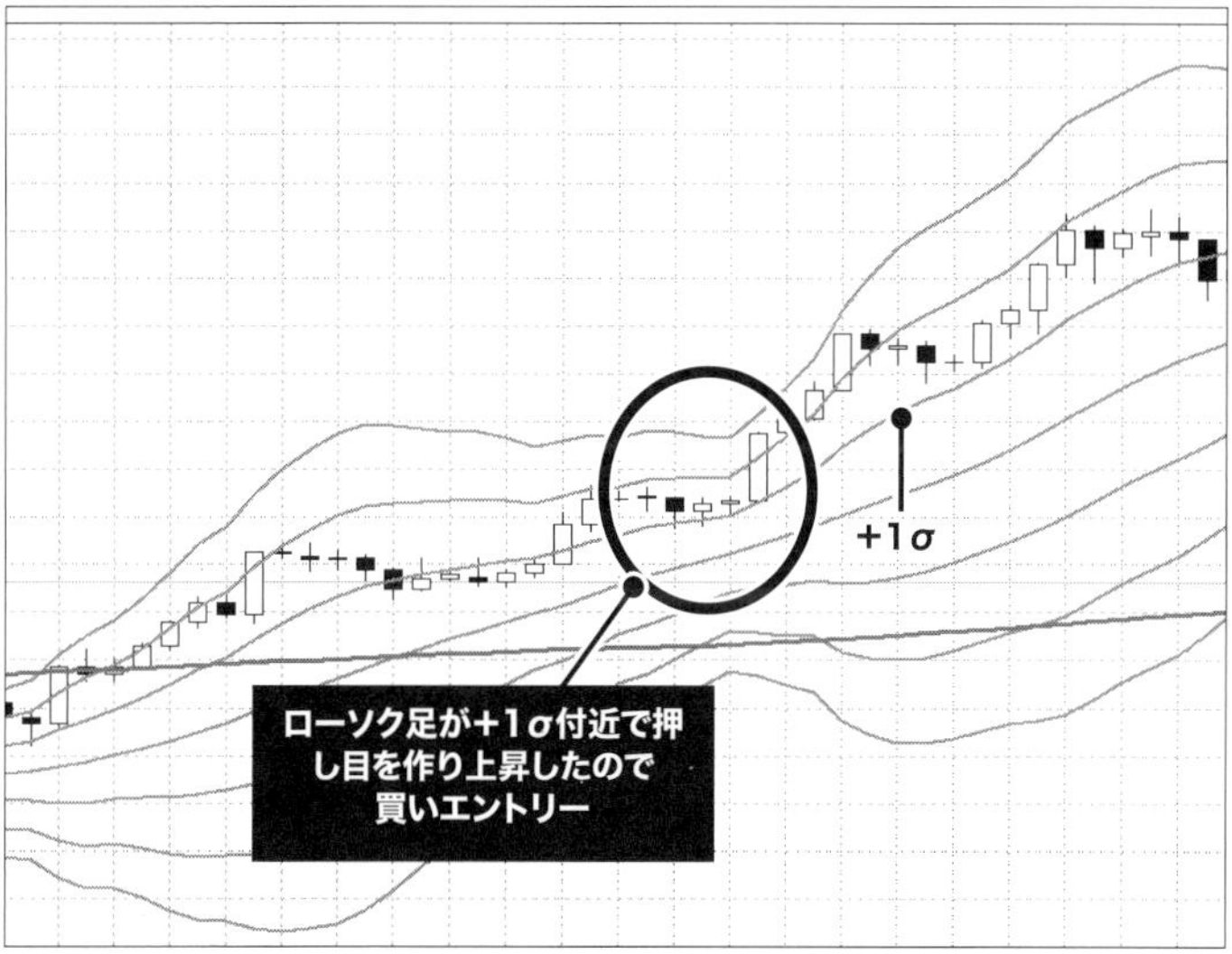
+1σ
ローソク足が+1σ付近で押し目を作り上昇したので買いエントリー

上昇トレンド中にローソク足がいったん下落し、押し目を作った状態で再び上昇したので買いエントリーをする。

押し目や戻りを確認してエントリーします

ローソク足がσラインにタッチしたらイグジット

04

±3σにタッチしたら利食いをする

私の利食いのポイント

ローソク足が±3σにタッチしたら利食いします。ただし、エクスパンションが発生している場合は利益が伸びるのを期待して様子見です。また、ミドルラインまでタッチした場合も利食いをします。

バンビさん

▼ローソク足が±3σにタッチしたら利食い

利食いのタイミングはふたつあります。

ひとつめの利食いの基準は、買い（売り）の場合はローソク足がプラス3σ（マイナス3σ）にタッチしたときです。±3σは強力な抵抗線や支持線として機能するため、ローソク足がそれぞれのラインにタッチしたときは、トレンドが変わる可能性があります。リスクを避けるために、いったん利食いをして次のチャンスを待ちます。

ただし、σラインが開くエクスパンションが発生しているときは、そのままトレンドが続く可能性が高いので、すぐに利食いはせず、様子見をします。

エクスパンションが発生している場合は、スクイーズが発生するか、ローソク足がそれまで張り付いていたσラインから離れたら利食いします。

▼抵抗線や支持線をブレイクしたら利食い

もうひとつの利食いのタイミングは、買い（売り）エントリー後に、上昇（下降）

利食いのタイミング①

±3σタッチで利食い

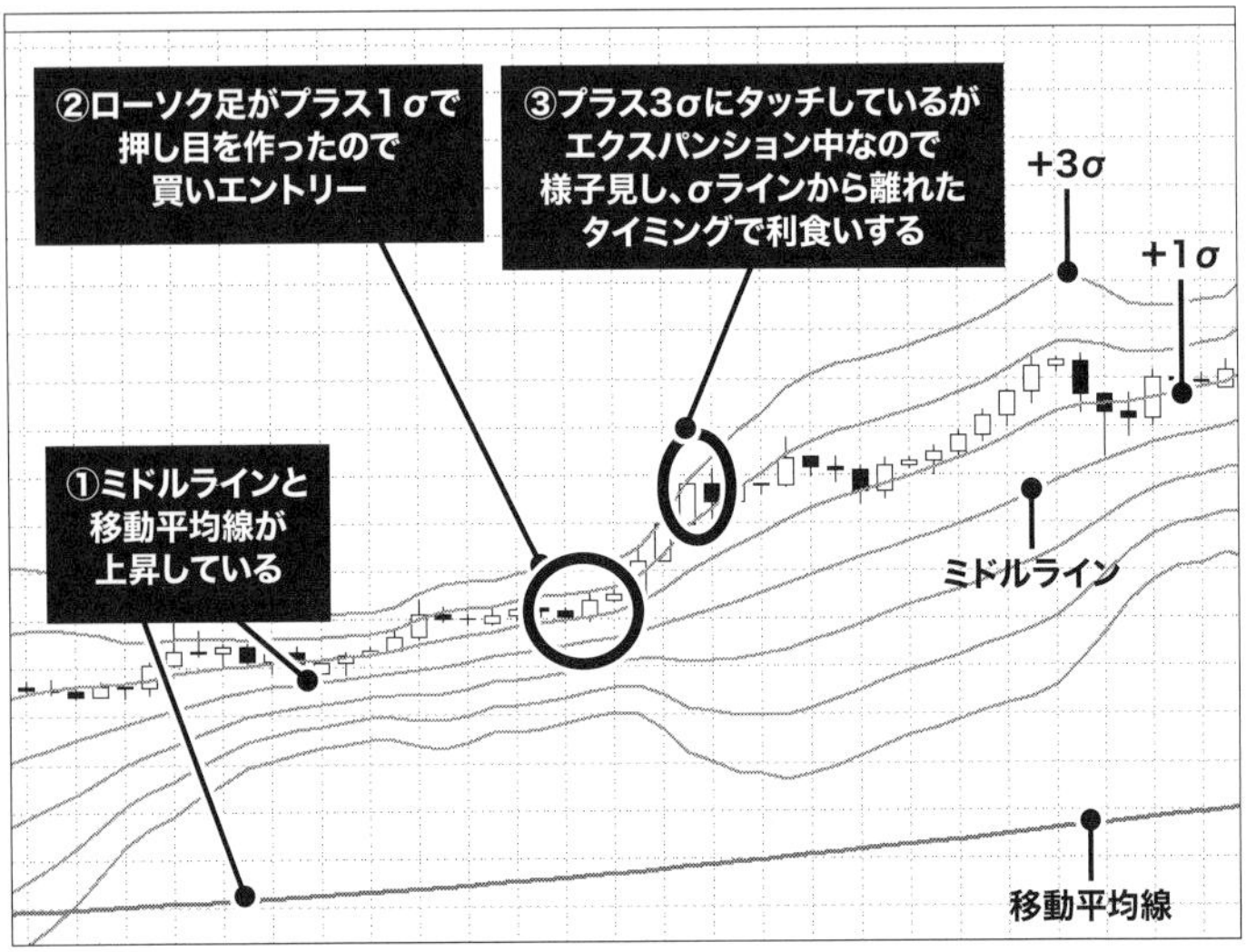

②ローソク足がプラス1σで
押し目を作ったので
買いエントリー
③プラス3σにタッチしているが
エクスパンション中なので
様子見し、σラインから離れた
タイミングで利食いする
+3σ
+1σ
①ミドルラインと
移動平均線が
上昇している
ミドルライン
移動平均線

プラス3σにタッチしても、エクスパンション中は様子見し、ローソク足がσラインから離れたタイミングで利食いする。

したものの、プラス3σ（マイナス3σ）にタッチするまえに下落(上昇)し、それまで抵抗線や指示線として機能していたラインをブレイクした場合です。

たとえば、押し目買いをしたあとにプラス2σが支持線として機能しているなかで、プラス3σにタッチする前にプラス2σブレイクしたら、トレンドが反転する可能性

利食いのタイミング②

ラインブレイクで利食い

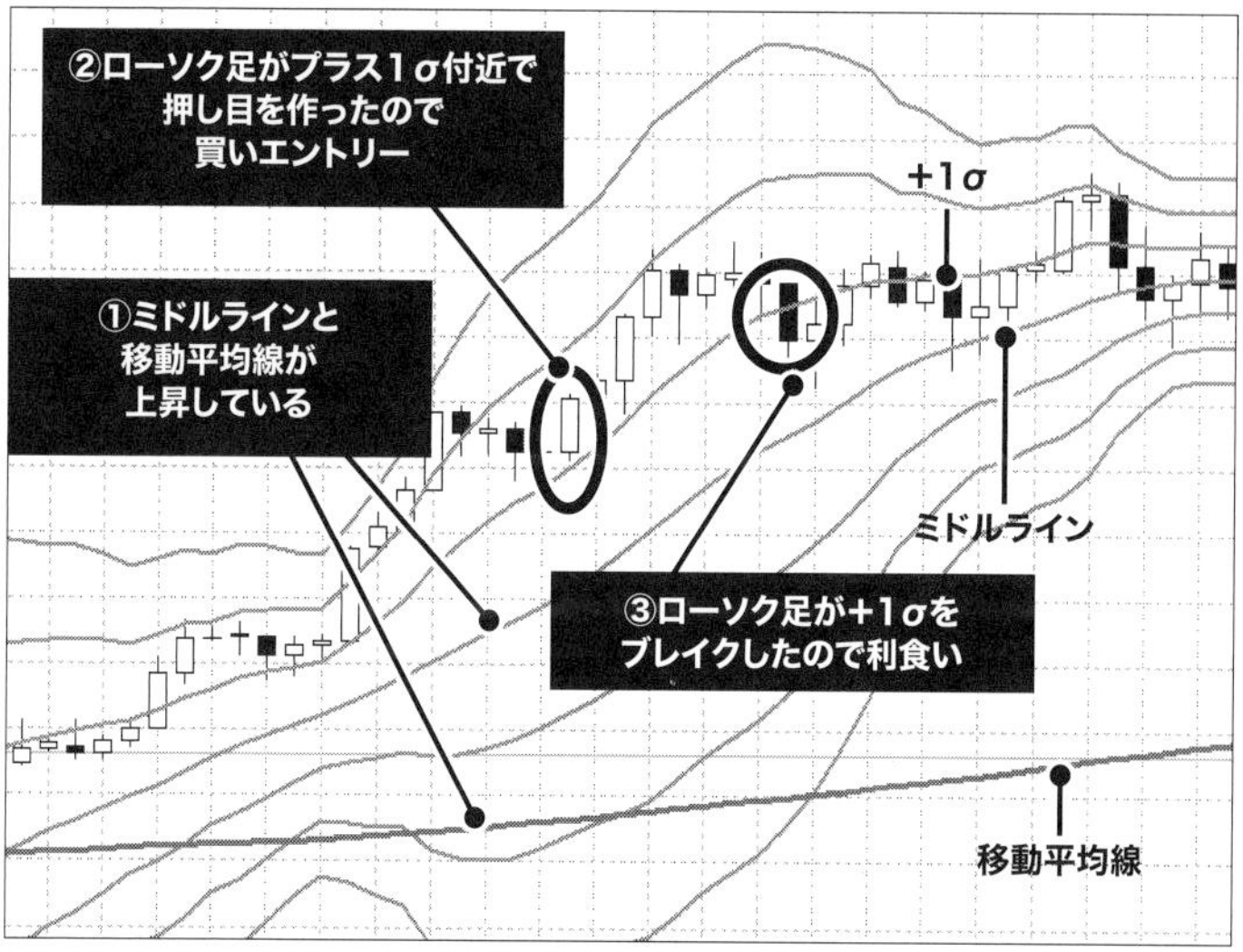
②ローソク足がプラス1σ付近で
押し目を作ったので
買いエントリー
①ミドルラインと
移動平均線が
上昇している
+1σ
ミドルライン
③ローソク足が+1σを
ブレイクしたので利食い
移動平均線

ローソク足がプラス１σをブレイクしら利食いをする。

があると考え、利食いします。

この場合、再びエントリーサインが出る可能性もあるので、チャートのチェックを続けるようにしましょう。

相場に影響を与える事件が起きたときはイグジット

05

±1σにタッチしたら すぐに損切り

私の損切りのポイント

±1σにタッチしたらトレンドが反転している可能性が高いため、損切りをします。また、なにか事件が起きてファンダメンタルズ優先の相場になったときも損切りをします。

バンビさん

ローソク足が±1σタッチで損切り

損切りのタイミングはふたつあります。

ひとつめの損切りの基準は、買い（売り）エントリーした場合はローソク足がマイナス1σ（プラス1σ）にタッチしたときです。

エントリー直後にローソク足が反転し、マイナス1σ(プラス1σ)まで下落(上昇）した場合は、トレンドが反転している可能性があります。いったん仕切り直しのために損切りして、ローソク足が再び押し目（戻り）を作るのを待ちます。

また、±1σにタッチするまで待たずに、ミドルラインと±1σの中間あたりまでローソク足が推移した段階で損切りをする場合もあります。

ミドルラインをブレイクしたタイミングでトレンドが終了している可能性もあります。早めに損切りをすることで余計な損失を防ぐ効果があります。一方で、±1σにタッチする前に再び反転をして、トレンドが継続する可能性もあるため、結果的に早すぎる損切りになってしまう可能性もあります。

どちらの損切りの基準にするかは自分の投資スタイルと相談していきましょ

う。ハイリスク・ハイリターンなら±1σタッチで損切り、ミドルリスク・ミドルリターンならミドルラインと±1σの間で損切りをします。

バンビさん

損切りのタイミング

ローソク足がマイナス1σタッチで損切り(買いの場合)

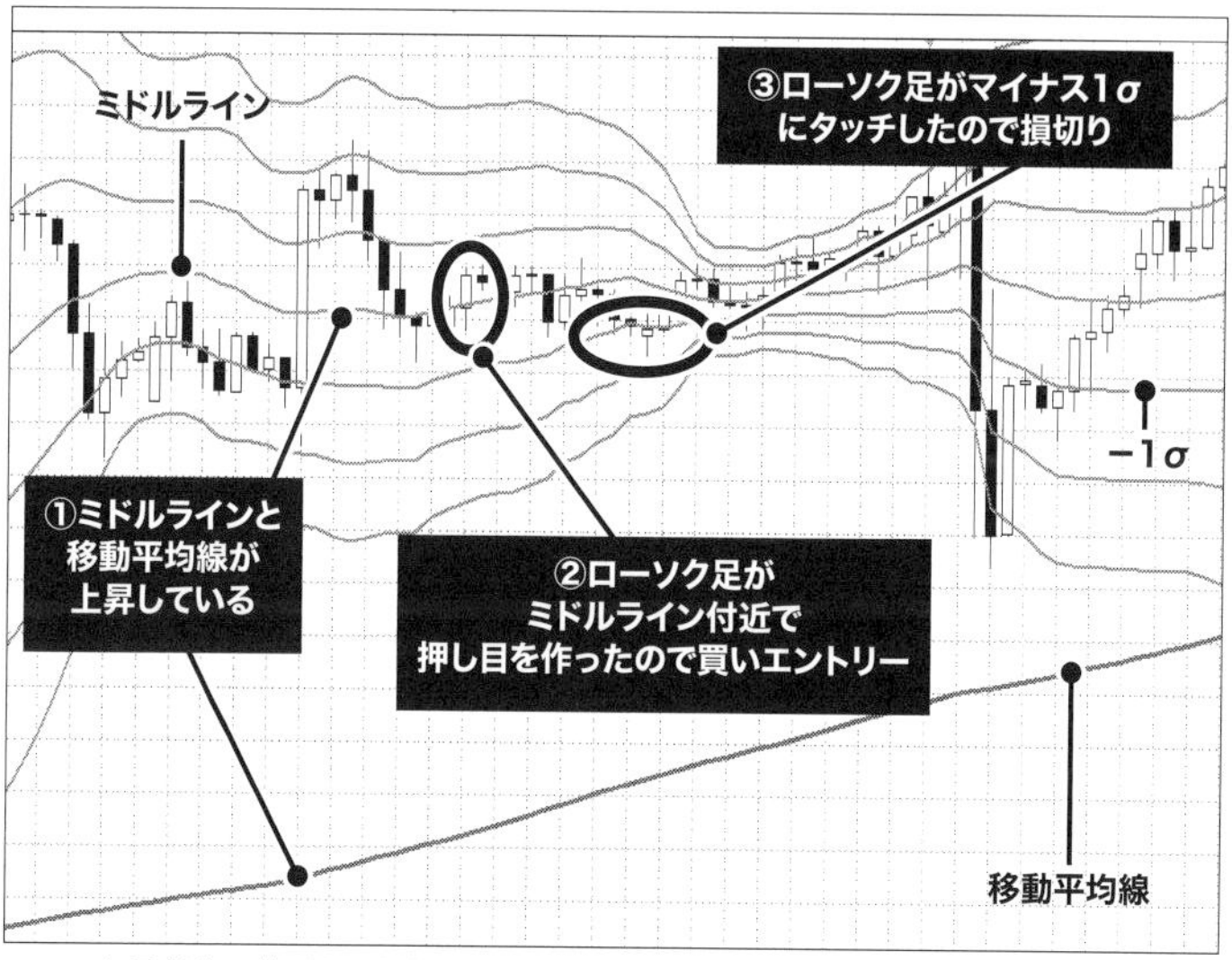
ミドルライン
③ローソク足がマイナス1σ
にタッチしたので損切り
①ミドルラインと
移動平均線が
上昇している
②ローソク足が
ミドルライン付近で
押し目を作ったので買いエントリー
−1σ
移動平均線

ローソク足が含み益がない状態でミドルラインを上に突き抜け、プラス１σにタッチしたので損切りをする。

ミドルラインと
±1σの間で損切りを
してもＯＫ

長いローソク足は相場異変の合図

06

相場に異変が発生したらイグジット

私のイグジットのポイント

相場に異変が起こったときは、イグジットをします。ローソク足が複数のσラインを一気に突き抜けるなど、その後にどう動くかわからないので、リスクヘッジのためにイグジットします。

相場に異変が起こったらイグジット

　サプライズなどが要因で相場に大きな動きが発生した場合は、これまで説明したイグジット基準を無視してイグジットをすることもあります。

　たとえば、エントリー後に長いローソク足が発生した場合は、反転する可能性が高いのでイグジットをします。

　87ページのチャートを見てください。これは2022年12月のドル/日本円のチャートですが、ローソク足がミドルライン、マイナス1σ、マイナス2σ、マイナス3σを一気に下に突き抜けています。

　このときは日銀が長期金利操作の許容変動幅を0・5%に引き上げたことがサプライズとなり、相場に大きな変動を与えました。

　このような状況になってしまうと、相場はファンダメンタルズ中心の動きになり、テクニカル指標は通用しなくなってしまいます。

　発表内容を考えると下降トレンドが続くだろうという考え方もできますが、ここまで大きく動くとリバウンドの可能性も否定しきれないので、ある程度相場が落ち着くまでは、テクニカル指標によるトレードは避けた方がいいでしょう。

また、このサプライズによって日本の金利は注目されやすくなるため、日銀の政策金利発表時の動向には当面の間注意が必要になります。

相場に異変がおきたらイグジット

2022年12月のドル円チャート

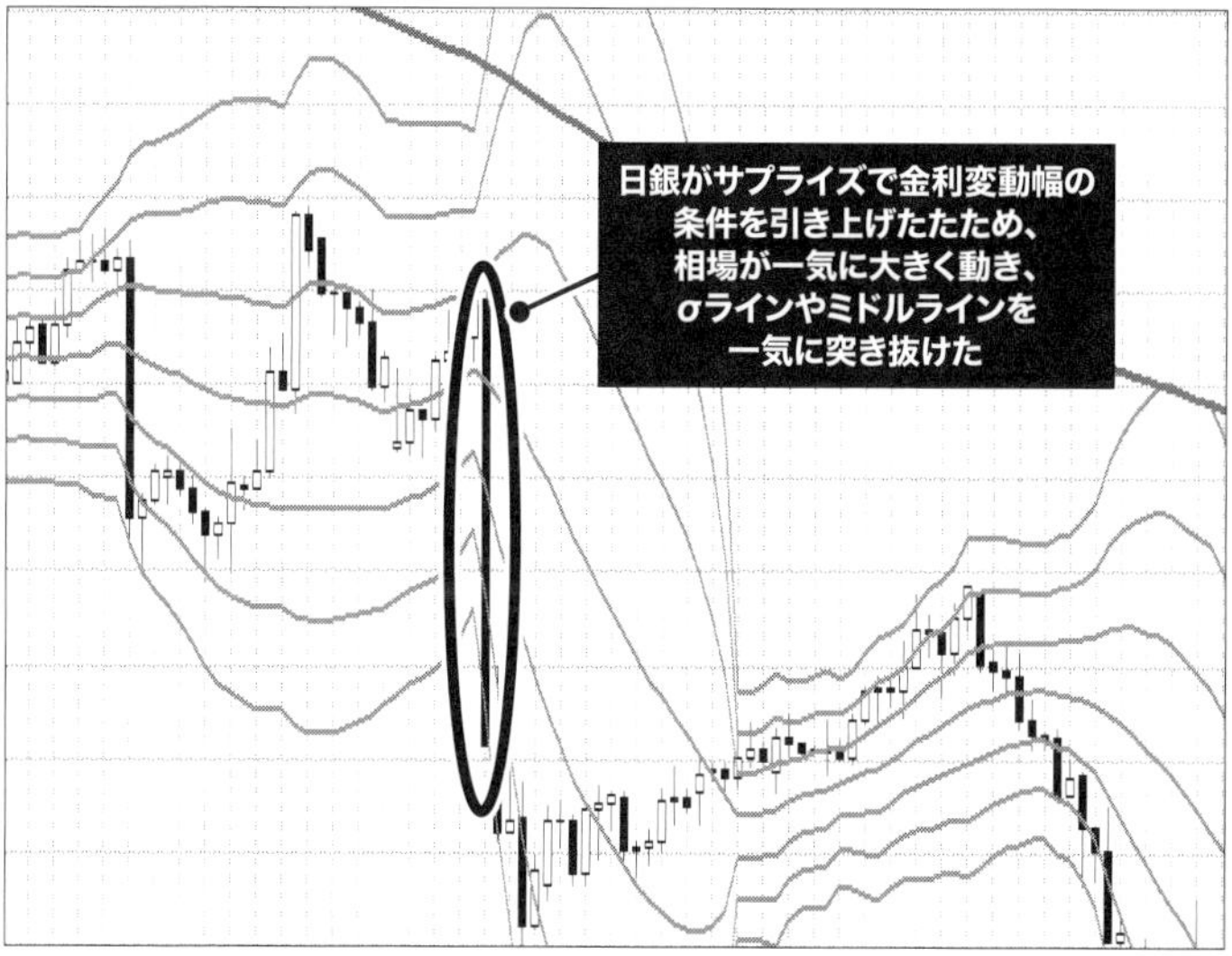
日銀がサプライズで金利変動幅の
条件を引き上げたたため、
相場が一気に大きく動き、
σラインやミドルラインを
一気に突き抜けた

このような状況下でポジションを持ち続けるのは危険なので、相場に異変を感じたらすみやかにイグジットする。

ローソク足が
おかしな動きをしたら
いったんイグジットします

01

エマさんの手法

私のトレードのポイント

ボリバンだけを使ったトレード手法です。各ローソク足の動きや、ミドルラインでトレンドを確認し、4時間足に表示したボリバンのσラインの動きを見ながらエントリーやイグジットをします。

エマさん

▼表示するのはボリバンだけ

エマさんのトレード手法は、ボリバンを使った順張りトレードです。月足の動きや、トレードするチャートに表示したミドルラインの動きからトレンドを判断し、σラインの動きで売買タイミングを見極めます。

使用するテクニカル指標の設定は次のようになります。

ボリバン

参照期間「20」

σライン「±1σ」「±2σ」「±3σ」

ローソク足

「30分足」「1時間足」「4時間足」「日足」「週足」「月足」

トレードする通貨ペアは米ドル／日本円やユーロ／米ドル、英ポンド／米ドルがメインです。また、トレードに利用するのは「4時間足」「1時間足」「日足」で、そのほかの時間足はトレンドの確認や相場状況の確認のために利用します。

エマさん

エマさんのチャート画面

ボリバンを表示する

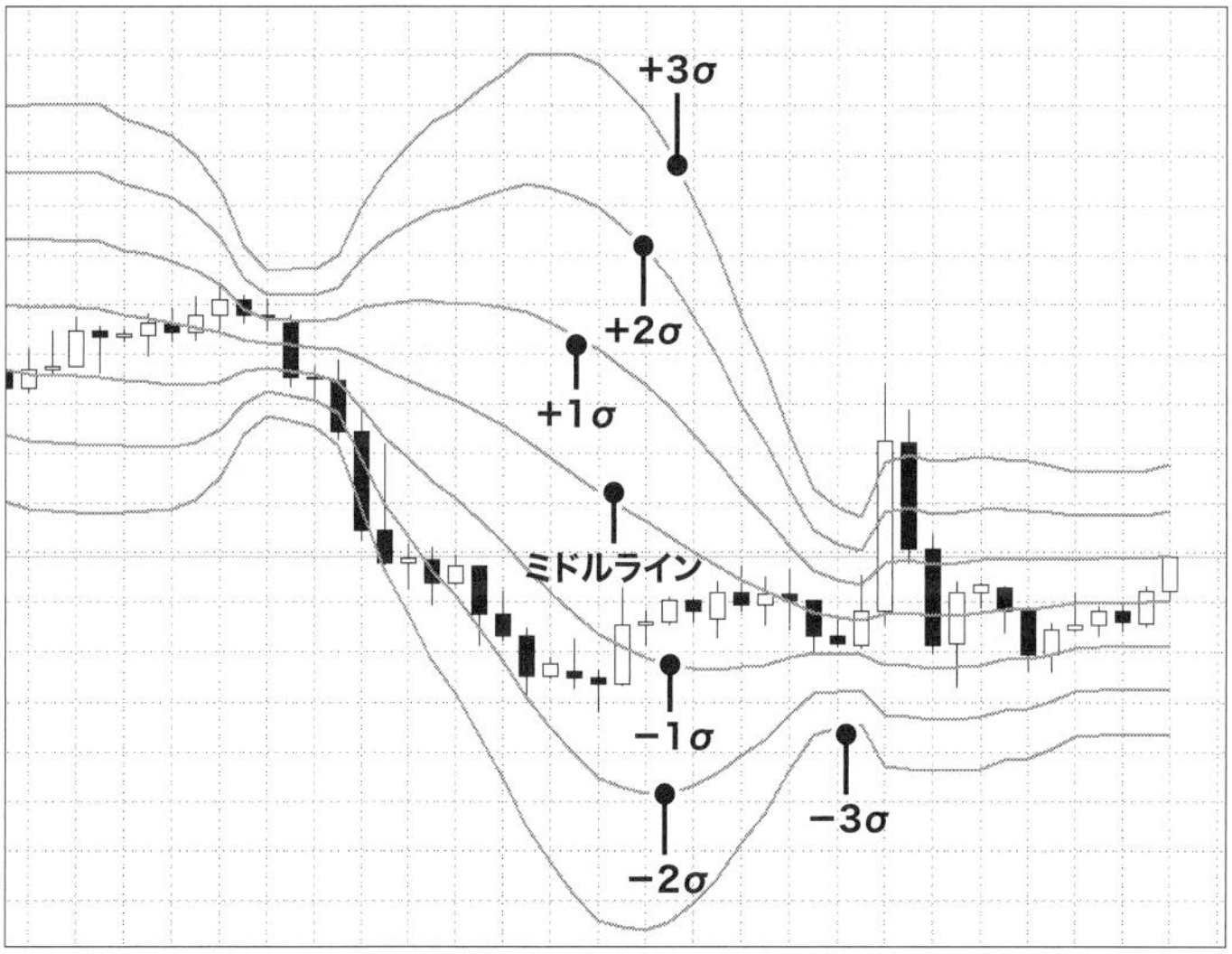

1時間足、4時間足、日足、月足に参照期間20のボリバンを表示する。

エントリー前にトレンドを確認

02

エクスパンションでエントリー判断

私の相場分析のポイント

ミドルラインとローソク足の位置でトレンドを判断後、トレンドが出ていれば、エクスパンションを狙ってエントリーします。

エマさん

ミドルラインとローソク足でトレンドを確認する

エントリー前に、すべての時間足でそれぞれのトレンドの方向を確認します。

基本的には次のようにミドルラインの向きとローソク足の位置でトレンドを確認します。

①ミドルラインの傾きが下向きでローソク足がミドルラインの下にあるときは「下降トレンド」

②ミドルラインの傾きが上向きでローソク足がミドルラインの上にあるときは「上昇トレンド」

③ミドルラインに傾きがなくローソク足にからみあっているときは「レンジ相場」

基本的には、①と②の場合は、トレードに適している相場。③はエントリーする時間足で出現している場合はトレンドに適していませんが、それ以外の時間足であれば、トレードする可能性はあります。①〜③に当てはまらない動きをしている場合は、短期的に激しい動きをしていたり、トレンドがはっきりしていないことが多いので、トレードはしません。

ボリバンとローソク足でエントリーする

エントリーのタイミングはエクスパンションが発生したときです。エクスパンション発生中にトレンドと同じ方向にローソク足が連続で出現したらエントリーします。

たとえば、上昇トレンド中にエクスパンションが発生した場合は、陽線が2〜3本連続で出現したタイミングでエントリーをします。

売りサイン 下降トレンド中に、エクスパンションが発生し、陰線が2〜3本連続で出現したタイミング

買いサイン 上昇トレンド中に、エクスパンションが発生し、陽線が2〜3本連続で出現したタイミング

エクスパンションでエントリー

買いエントリーの場合

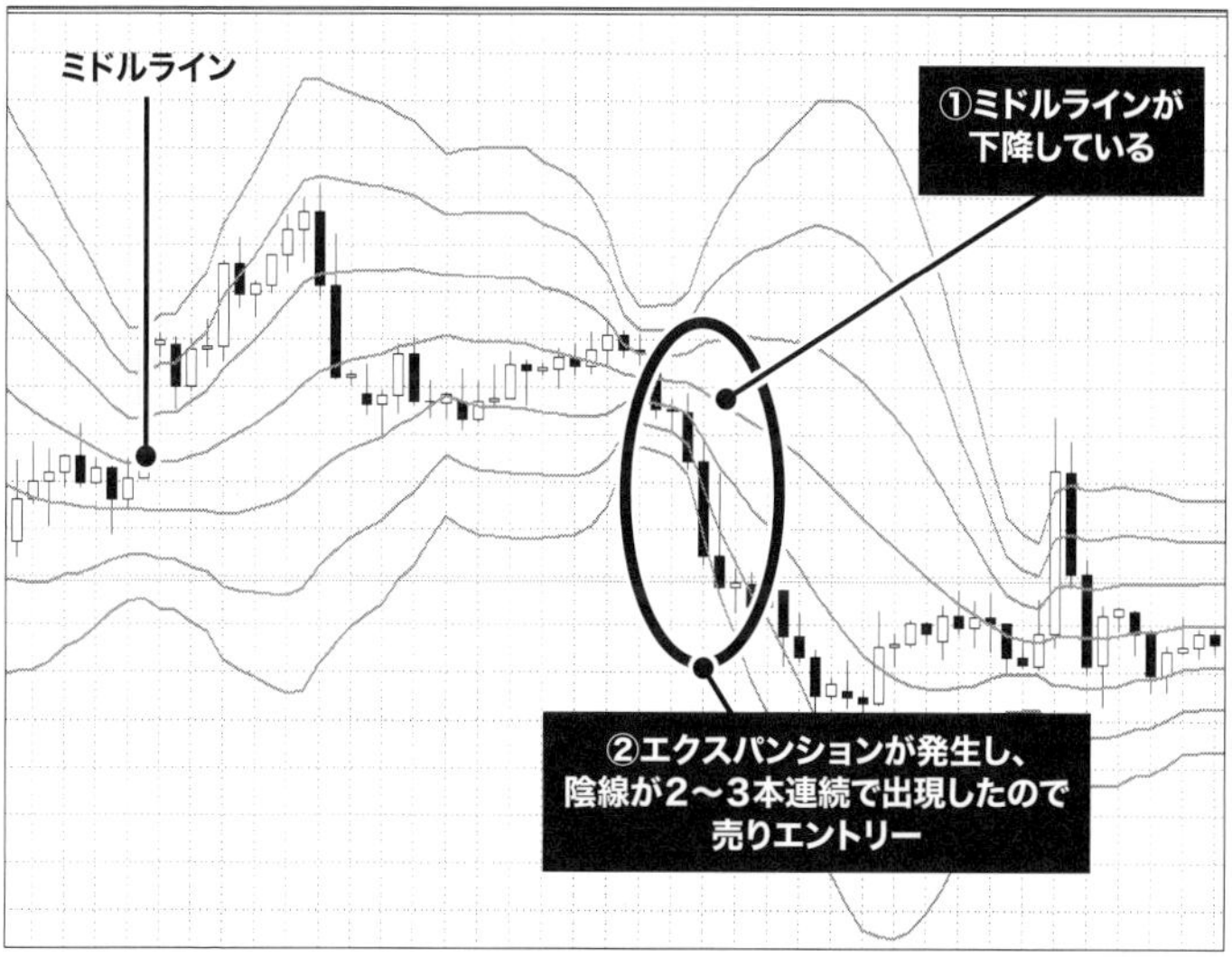
ミドルライン
①ミドルラインが
下降している
②エクスパンションが発生し、
陰線が2〜3本連続で出現したので
売りエントリー

下降トレンド中に、エクスパンションが発生し、陰線が連続で出現したので、売りエントリーする。

エクスパンションが
トレードの合図

03 バンドウォークが買い増し・売り増しのサイン

私のエントリーのポイント

月足、週足、日足のトレンドと4時間足チャートのトレンドが一致している場合に限り、バンドウォーク中は買い増しや売り増しを行います。ただし、ハイリスク・ハイリターンになるので、資金に余裕があるときのみ行います。

エマさん

強力なトレンドが発生したら買い増し・売り増しを狙う

エントリー後、条件を満たしたら買い増しや売り増しを行います。条件は次の3つです。

①トレードしている時間足でバンドウォークが発生
②日足で上昇（下降）する余地がある
③月足・週足・日足のトレンドの方向が一致している

①については、買いエントリーの場合は、上昇中のプラス2σかプラス3σのいずれかにローソク足が上昇しながら、3本連続で張り付いたらバンドウォークが発生したと判断します。売りエントリーの場合は下降中のマイナス2σかマイナス3σのいずれかにローソク足が下降しながら、3本連続で張り付いたらバンドウォークが発生したと判断します。

②については、日足チャートの現在値を見て、たとえばプラス2σ付近で推移していて、プラス3σまでの上昇余地が残っていれば、まだ上昇する可能性があると判断できます。現在値がプラス3σ付近まで推移している場合は、上昇する

余地がないと判断します。
③については、トレンドが不一致の場合は、リスクが高いため買い増しや売り増しは行いません。
また、買い増しや売り増しをするときの枚数はエントリーしたときの枚数の半分程度に抑えておきます。

▼買い増しや売り増しは資金に余裕があるときに限る

買い増しや売り増しするときは、投資資金に余裕があるときのみ行います。バンドウォークは大きく稼げる可能性がある一方で、大きく反転することもあるため、イグジットが遅れた場合は損失を出してしまう可能性があります。エマさんは、月間ベースで利益が出ているときに限り買い増しや売り増しを行っています。

売り増しのタイミング

バンドウォークで売り増し

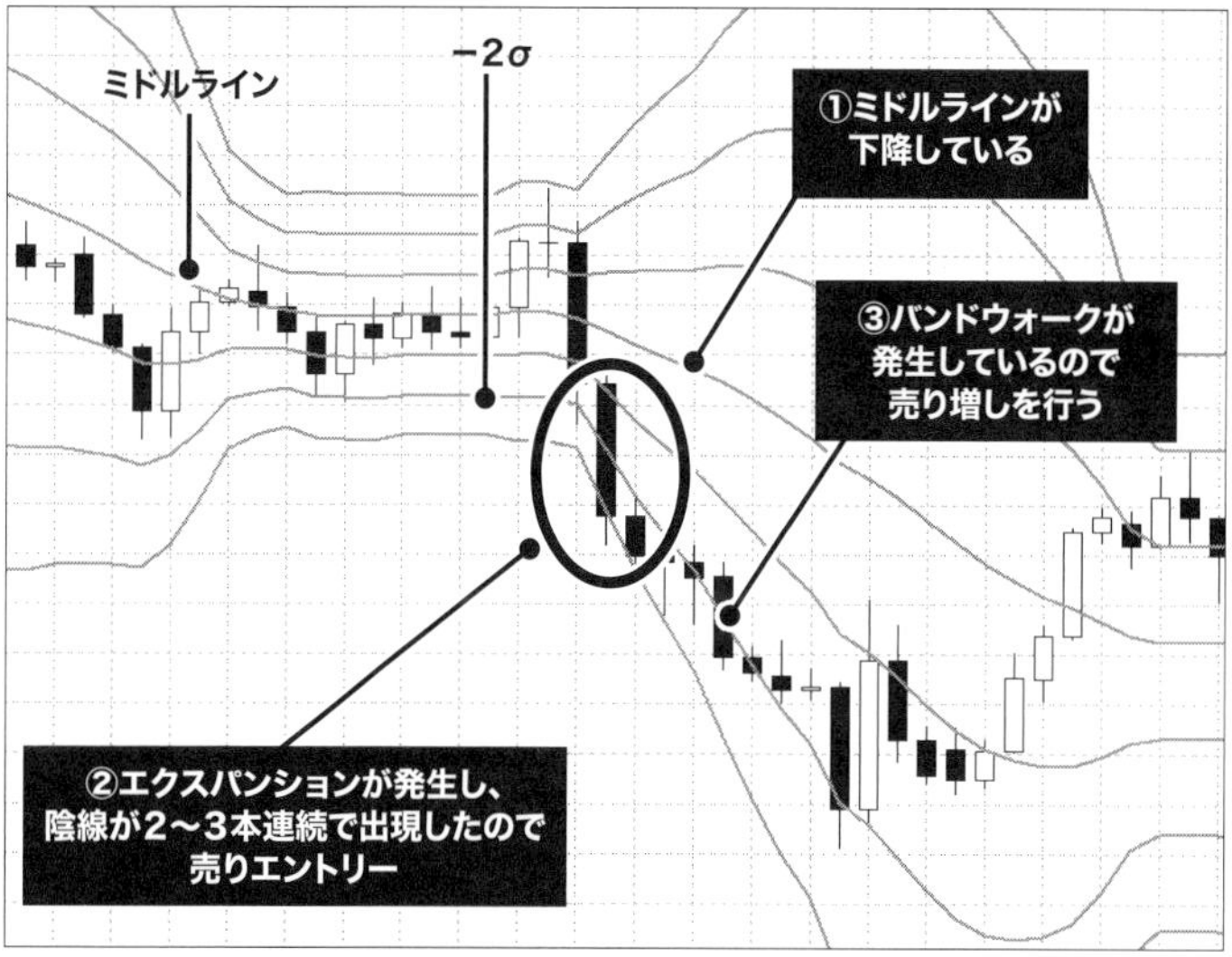
ミドルライン
−2σ
①ミドルラインが下降している
③バンドウォークが発生しているので売り増しを行う
②エクスパンションが発生し、陰線が2〜3本連続で出現したので売りエントリー

エントリー後、下降中のマイナス２σにローソク足が張り付いているので売り増しを行う。

バンドウォークが発生したら買い増しや売り増しのチャンス

04

スクイーズで利食いをする

私の利食いのポイント

スクイーズが発生したら、トレンドが終了したと判断して利食いします。σラインが収縮するだけでなく、ローソク足の動きを見て、スクイーズかどうかを判断し、イグジットします。

エマさん

スクイーズ発生で利食い

利食いはスクイーズが発生したタイミングで行います。

スクイーズが発生したかどうかの判断はσラインの動きとローソク足の動きから判断します。

スクイーズとは52ページでも解説していますが、σラインが収縮している状態のことを指します。ただし、ローソク足数本分だけ収縮する動きを見せて、再び広がる場合もあるので、σラインの動きだけで判断すると利食いが早すぎるケースもあります。そのため、利食いの判断をするにはローソク足の動きも同時にチェックします。ローソク足がもみ合うなどして動きが鈍くなったり、反転するなどトレンドが変わりそうな動きをしていたら、スクイーズが発生したと判断して利食いします。

スクイーズ発生後はエントリーのチャンスになりやすい

ボリンジャーバンドは、エクスパンションとスクイーズを繰り返して推移しています。

そのため、スクイーズが発生したあとは、エクスパンションが発生しやすい状況になるので、エントリーのチャンスになる可能性が高いといえます。利食い後もエントリーチャンスを逃さないようにしましょう。

利食いのタイミング

スクイーズが発生したらイグジット

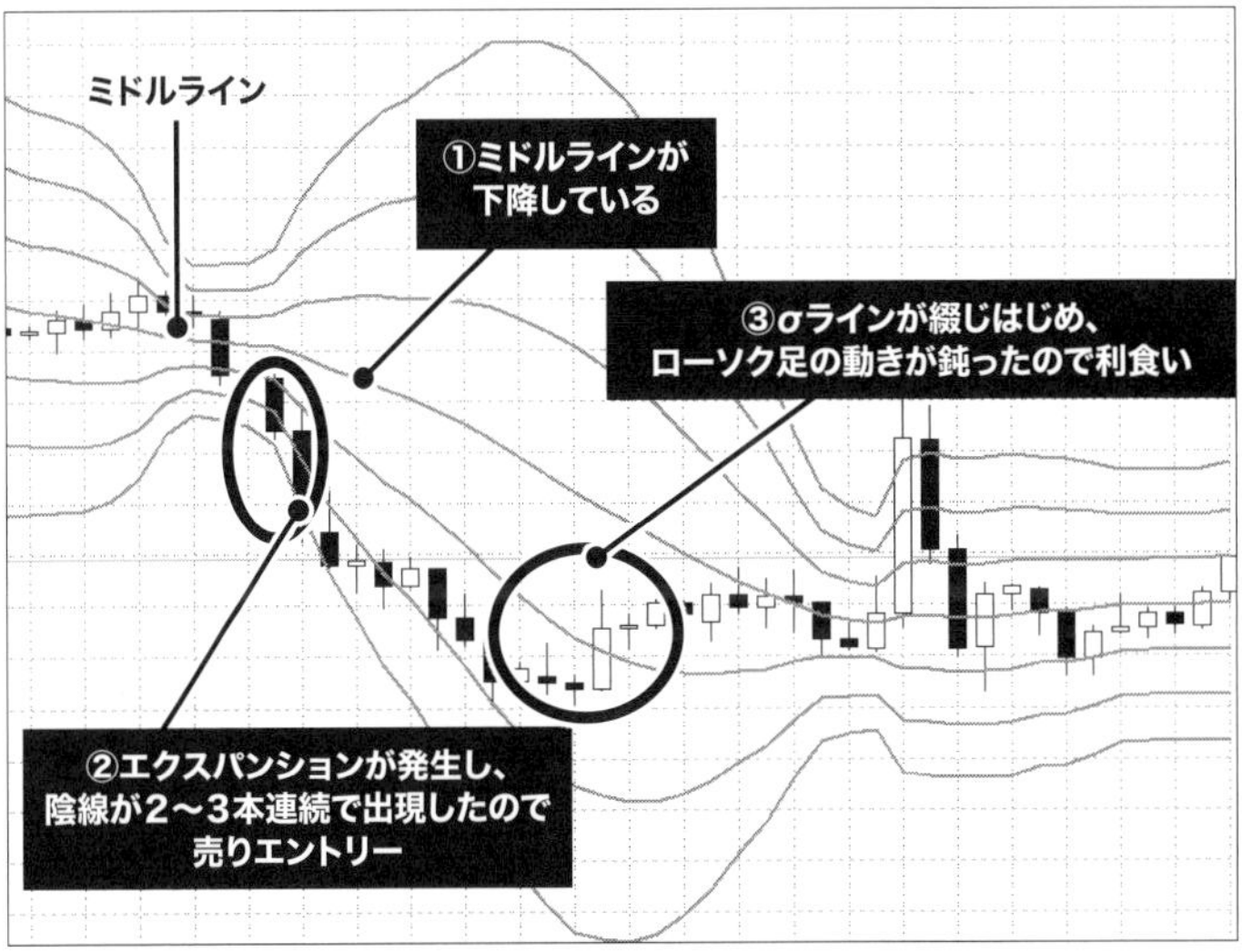
ミドルライン
①ミドルラインが
下降している
③σラインが綴じはじめ、
ローソク足の動きが鈍ったので利食い
②エクスパンションが発生し、
陰線が2～3本連続で出現したので
売りエントリー

σラインが収縮し、ローソク足の動きが鈍っているのでイグジットする。

スクイーズは
トレンド終了の
合図です

05

ローソク足の反転は即イグジット

私の損切りのポイント

エントリー直後にローソク足が反転した場合は、そのまま反転した方向に推移する可能性があるので、すぐにイグジットします。その後トレンドの方向に動きが戻った場合は状況に応じて再エントリーします。

エマさん

エントリー直後の動きに注意

　エントリー直後にローソク足が反転したら、トレードに失敗したと判断して損切りします。

　エクスパンション時は、ローソク足が一方方向に動くこともあれば、一瞬上昇したあとに、下落するような動きをすることもあります。そのため、損切りのタイミングを間違えると大きな損失が出てしまう可能性があります。

　また、損切り後に再び反転することもあります。この場合は、状況に応じて再エントリーをします。この再エントリーの判断については、エマさんの感覚で判断しているので、具体的なルールはありません。

　あえて判断材料のひとつを説明するのであれば、反転したときにどこまで下落や上昇しているかが判断のポイントになります。

　たとえば、買いエントリー後ローソク足が反転した場合、ミドルラインかプラス1σのラインまで下落し、再び上昇した場合は、ローソク足がプラス2σのラインを上に抜けたタイミングで再エントリーをします。

売りエントリーの場合はミドルラインかマイナス1σのラインで再び反転し、マイナス2σのラインを下抜けたタイミングで再エントリーします。

どちらの場合も、ミドルラインを抜けてしまうと再反転したとしても、リスクが高くなるため、再エントリーは行いません。

ただし、あくまでこれは判断材料のひとつであり、エマさんはローソク足の勢いやエントリー前の動き、4時間足以外の時間足の動きなどから総合的な判断のもと再エントリーするかどうかを決めています。

自分の判断で相場の状況をつかめるようになるまでは、再エントリーは避けたほうが良いでしょう。

エマさん

損切りのタイミング

エントリー直後に反転したら損切り

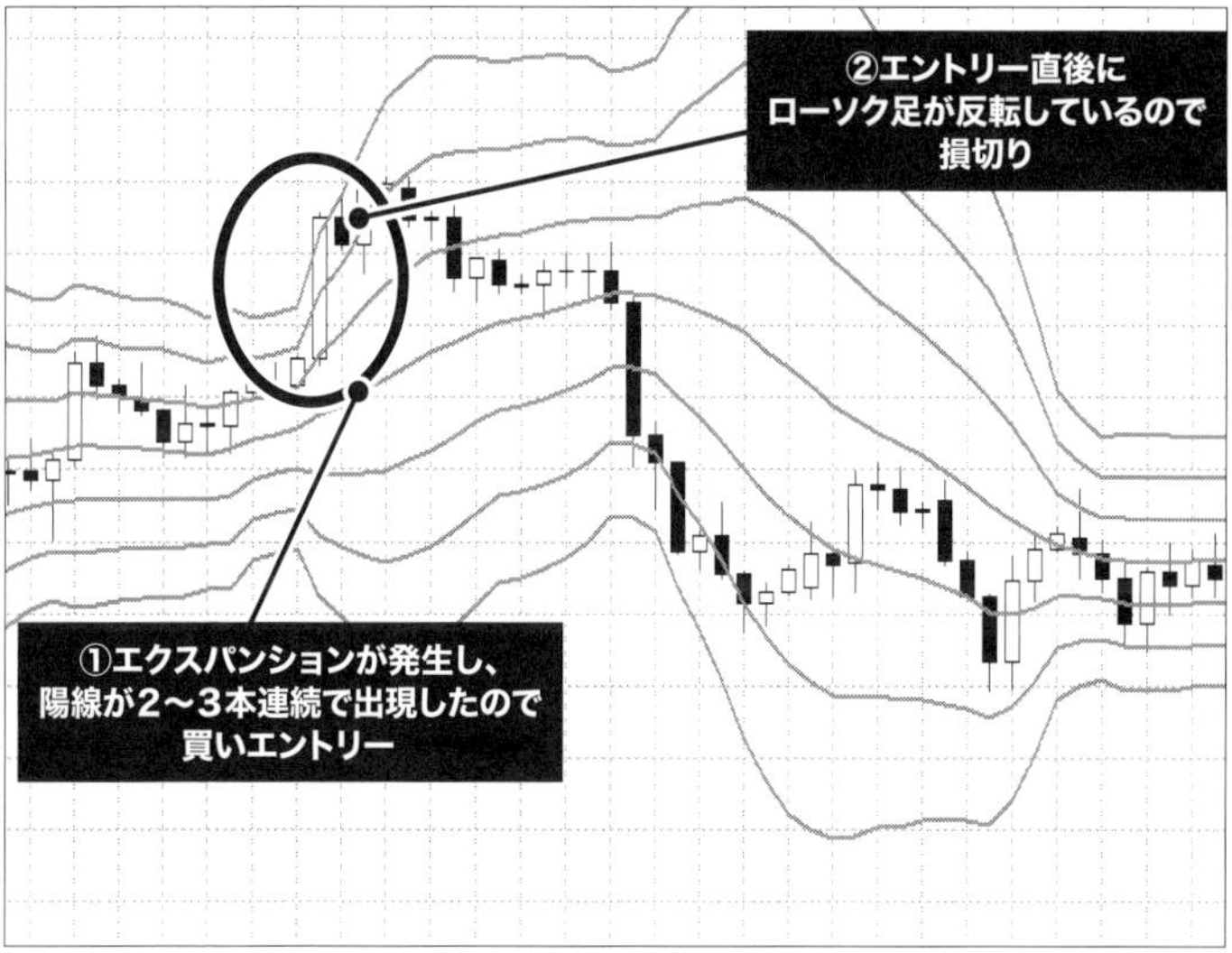
②エントリー直後に
ローソク足が反転しているので
損切り
①エクスパンションが発生し、
陽線が2〜3本連続で出現したので
買いエントリー

エントリー直後にローソク足が反転したので損切りする。

エントリー直後の反転は
すぐに損切り

06

買い増し・売り増しはバンドウォーク終了で利食い

私のイグジットのポイント

買い増しや売り増しを行った場合は、早めにイグジットします。買い増し・売り増し分に関しては、バンドウォーク終了で利食いし、残りはスクイーズで利食いをします。

エマさん

▼バンドウォーク終了でイグジット

買い増しや売り増しを行ったときはポジション量が膨れ上がっているので、ある程度含み益が出ている状態でイグジットして利益確定をしたほうが良いです。利食いのタイミングはバンドウォークが終了したときです。つまり、σラインに張り付いていたローソク足がσラインから離れたらイグジットします。

バンドウォークが終了すると、レンジ相場に入ったり、ローソク足が反転したりすることも多いので、バンドウォーク終了と同時に利食いしたほうがポジションを保有し続けるリスクを避けられる、というのがエマさんの基本的な考えです。

ただし、すべてのポジションを利食いするのではなく、買い増しや売り増しをした分だけ利食いし、残りは100ページで説明したようにスクイーズの発生で利食いをします。

また、バンドウォーク後はレンジ相場になることもあります。この場合は、スクイーズまで待たずに利食いすることもあります。

大きなポジションを保有し続けることはリスクになるので、長時間にわたってポジションを保有し続けるのは避けたいというのがエマさんの考え方です。

リスクとリターンを考えながらどこでポジションを手放すのかを考えるのが大事だといいます。

売り増し分の利食いのタイミング

バンドウォークが終了で利食い

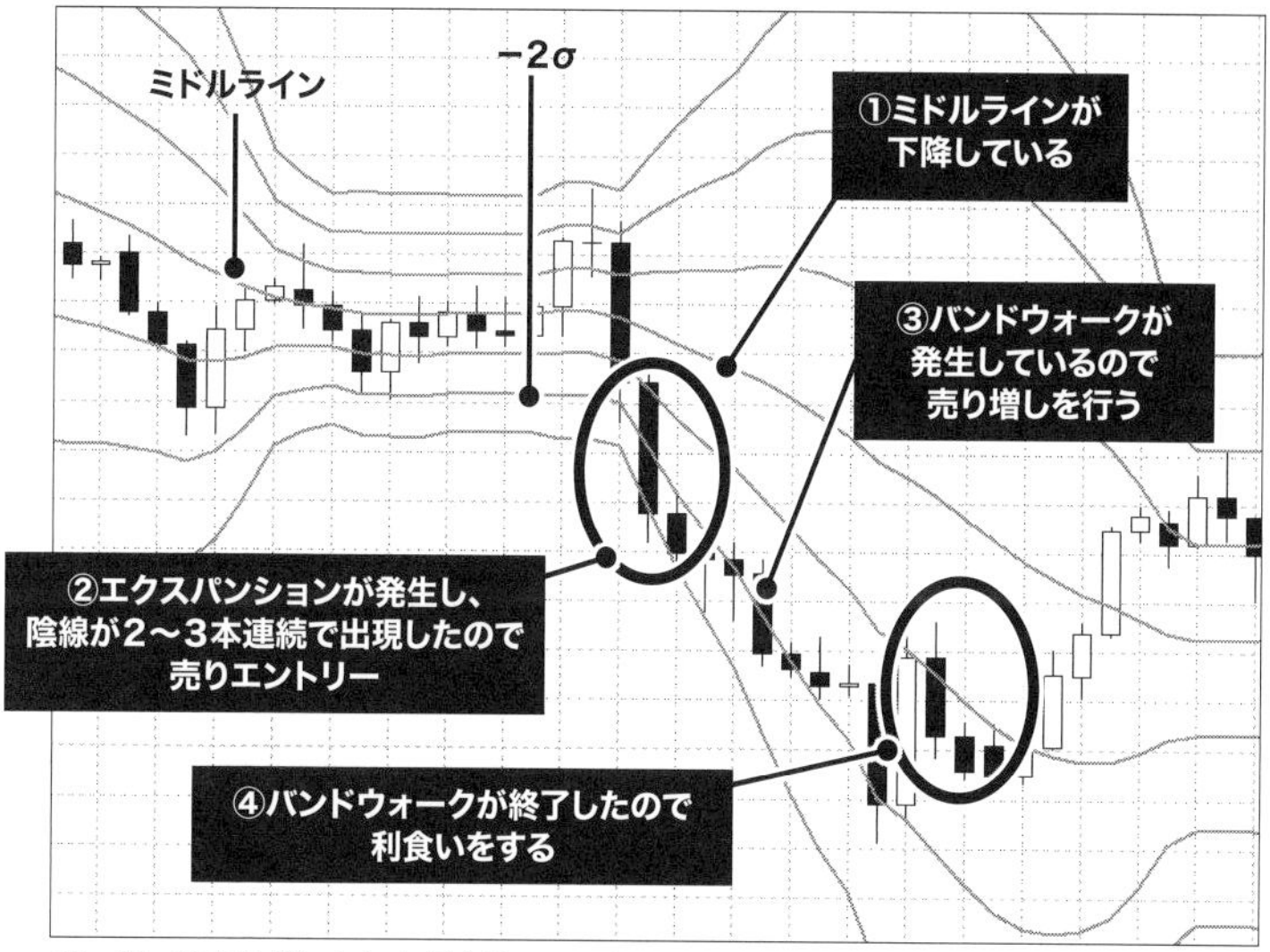
ミドルライン
−2σ
①ミドルラインが
下降している
③バンドウォークが
発生しているので
売り増しを行う
②エクスパンションが発生し、
陰線が2〜3本連続で出現したので
売りエントリー
④バンドウォークが終了したので
利食いをする

買い増しや売り増しをした場合は、バンドウォークが終了したタイミングでイグジットする

バンドウォークが
終了したら
利食いのタイミング

01

つくしさんの手法

私のトレードのポイント

ボリバンと移動平均線を使ったトレード手法です。各チャートの移動平均線の動きからトレンドを確認し、ボリバンのσラインの動きを見ながらエントリーやイグジットをします。

ボリバンと移動平均線を使う

つくしさんの投資手法は、移動平均線とボリバンの動きを見てトレードをします。ポジションの保有期間は状況によって異なり、長いときは数カ月にわたって保有し続けることもあります。

使用するテクニカル指標の設定は次のようになります。

ボリバン
参照期間「20」
σライン「±1σ」「±2σ」「±3σ」

移動平均線
参照期間「200」

ローソク足
「4時間足」「日足」「週足」「月足」

トレードする通貨ペアは米ドル／日本円やユーロ／日本円、英ポンド／日本円がメインです。

また、詳しくは116ページ以降で解説しますが、「週足」や「月足」のチャートはトレンドを確認するためだけに使い、実際のトレードで利用するのは「日足」か「4時間足」です。

つくしさん

つくしさんのチャート画面

ボリバンと移動平均線を表示する

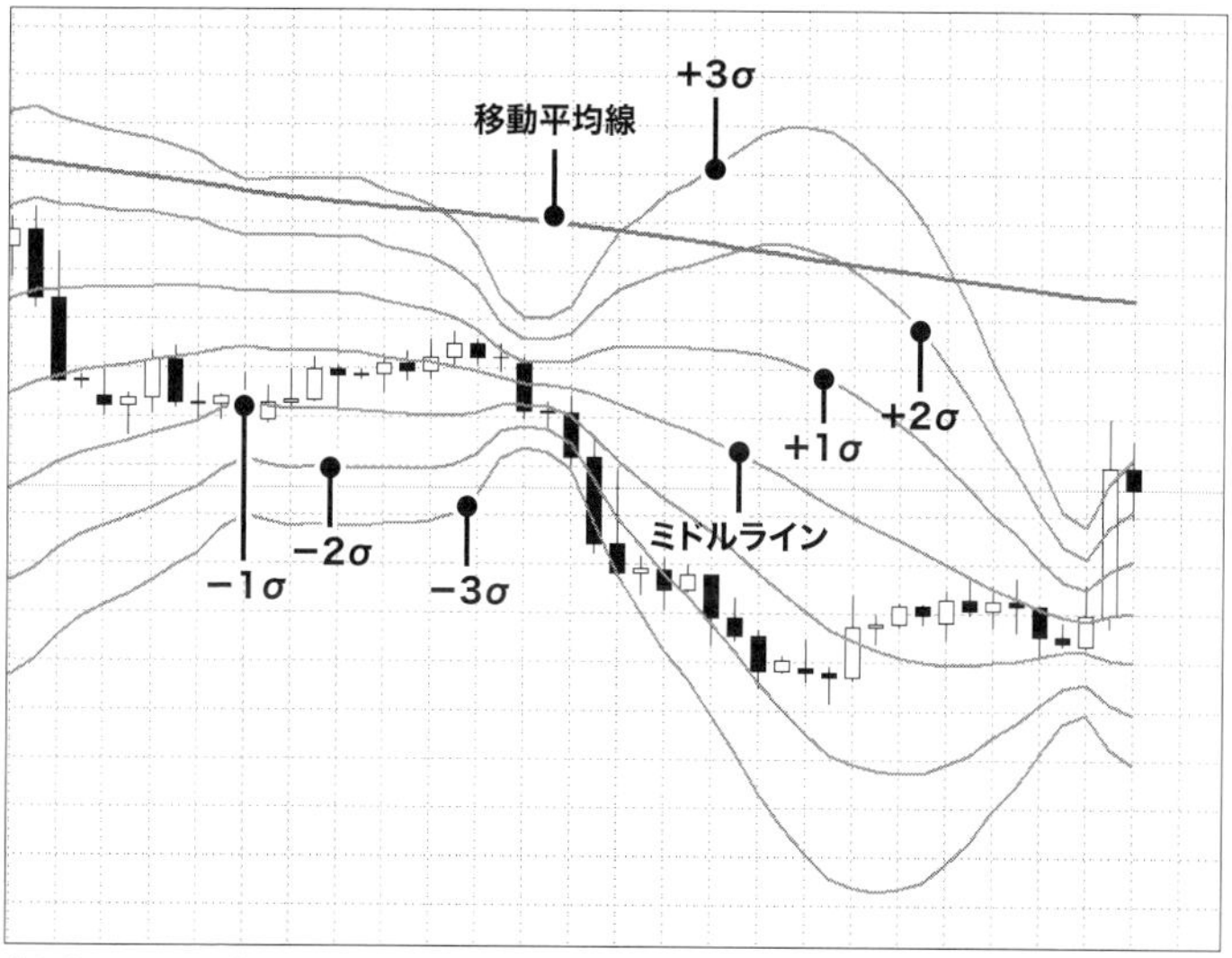

参照期間 20 のボリバンと参照期間 200 の移動平均線を表示する。

02

トレンドを総合的に判断する

私の相場分析のポイント

月足、週足、日足、4時間足でトレンドを確認し、総合的にトレンド状況を判断します。

つくしさん

▼すべての時間足のトレンドを確認する

エントリー前に、トレンドの状況を確認します。「月足」、「週足」、「日足」、「4時間足」に参照期間200の移動平均線を表示し、トレンドを次のようにして確認します。

①移動平均線が上昇していれば「上昇トレンド」
②移動平均線が下降していれば「下降トレンド」
③移動平均線の向きがはっきりしないときは「トレンドがない」

すべての時間足でトレンドを確認し、総合的に現在のトレンド状況を判断します。たとえば、すべての足の移動平均線が上向きであれば強力な上昇トレンドが発生していると判断します。また、月足と週足が下向きで、日足と4時間足が上向きの場合は、強力な下降トレンド中の一時的な上昇トレンドと判断します。このようにして、足ごとのトレンドから総合的なトレンドの状況を確認します。

エントリーするかどうかの判断は、日足でトレードする場合は、週足と日足のトレンドが一致していることが条件になり、4時間足でトレードする場合は日足と4時間足のトレンドが一致している場合に限ります。

トレンドが異なる場合は、リスクが高いためトレードを行いません。

また、すべてのチャートが同じ方向のトレンドを示している場合は、信頼性が高いので、積極的にトレードを行っていきます。

つくしさん

相場状況を確認する

移動平均線の向きを確認

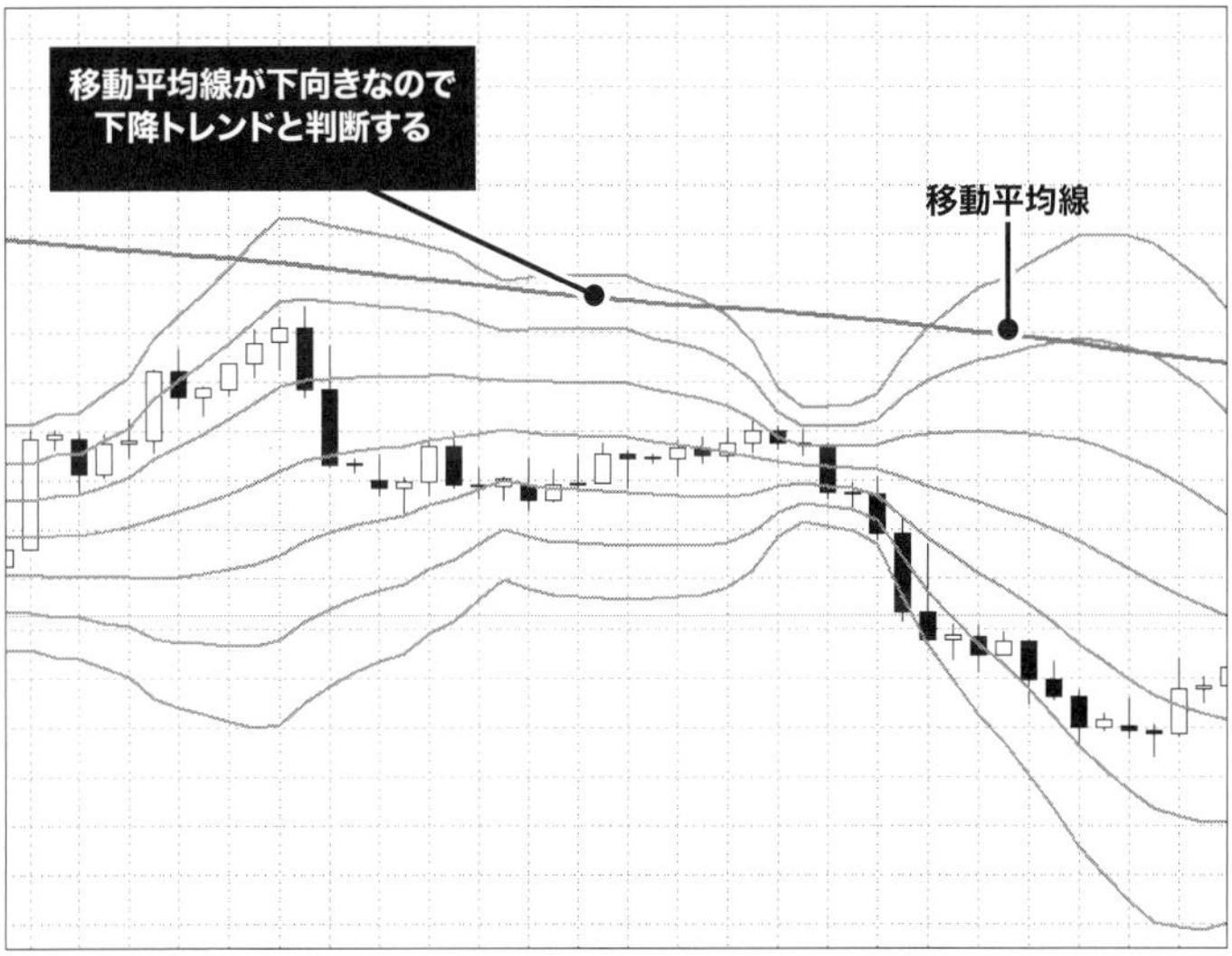
移動平均線が下向きなので
下降トレンドと判断する
移動平均線

移動平均線でトレンドを確認し、トレンドの方向とトレンドの強さを判断する。

すべての時間足で
トレンドを確認します

03

エクスパンションでエントリー判断

私のエントリーのポイント

日足や4時間足でエクスパンションが発生し、ローソク足がミドルラインを突き抜けたらエントリーします。

つくしさん

▼エクスパンションを狙ってエントリー

トレンドを確認し、トレードに適した相場の場合、ボリバンの動きを確認します。σラインが広がり始めるエクスパンションが発生していれば、エントリーの準備をします。

エントリーのタイミングは　エクスパンションが発生している状態でローソク足がミドルラインを抜けたタイミングです。ローソク足がミドルラインを上に抜けたら買いエントリー、ローソク足がミドルラインを下に抜けたら売りエントリーします。

基本的には、ローソク足が確定したタイミングでエントリーをしますが、買いの場合はプラス1σ、売りの場合はマイナス1σまでローソク足が確定しない状態で推移した場合は、確定前でもエントリーします。

また、エクスパンション発生時にすでにローソク足がミドルラインを抜けている場合、エクスパンション直前でミドルラインを抜けていれば、±1σにタッチしたタイミングでエントリーします。

また、トレンドの状況によってトレードする枚数の調整を行います。すべてのチャートで同じ方向のトレンドであれば枚数は多めにし、不一致の場合は枚数を抑えめにします。

売りサイン

下降トレンド中に、エクスパンションが発生し、ローソク足がミドルラインを下に抜けたとき

買いサイン

上昇トレンド中に、エクスパンションが発生し、ローソク足がミドルラインを上に抜けたとき

エントリータイミング

売りエントリーの場合

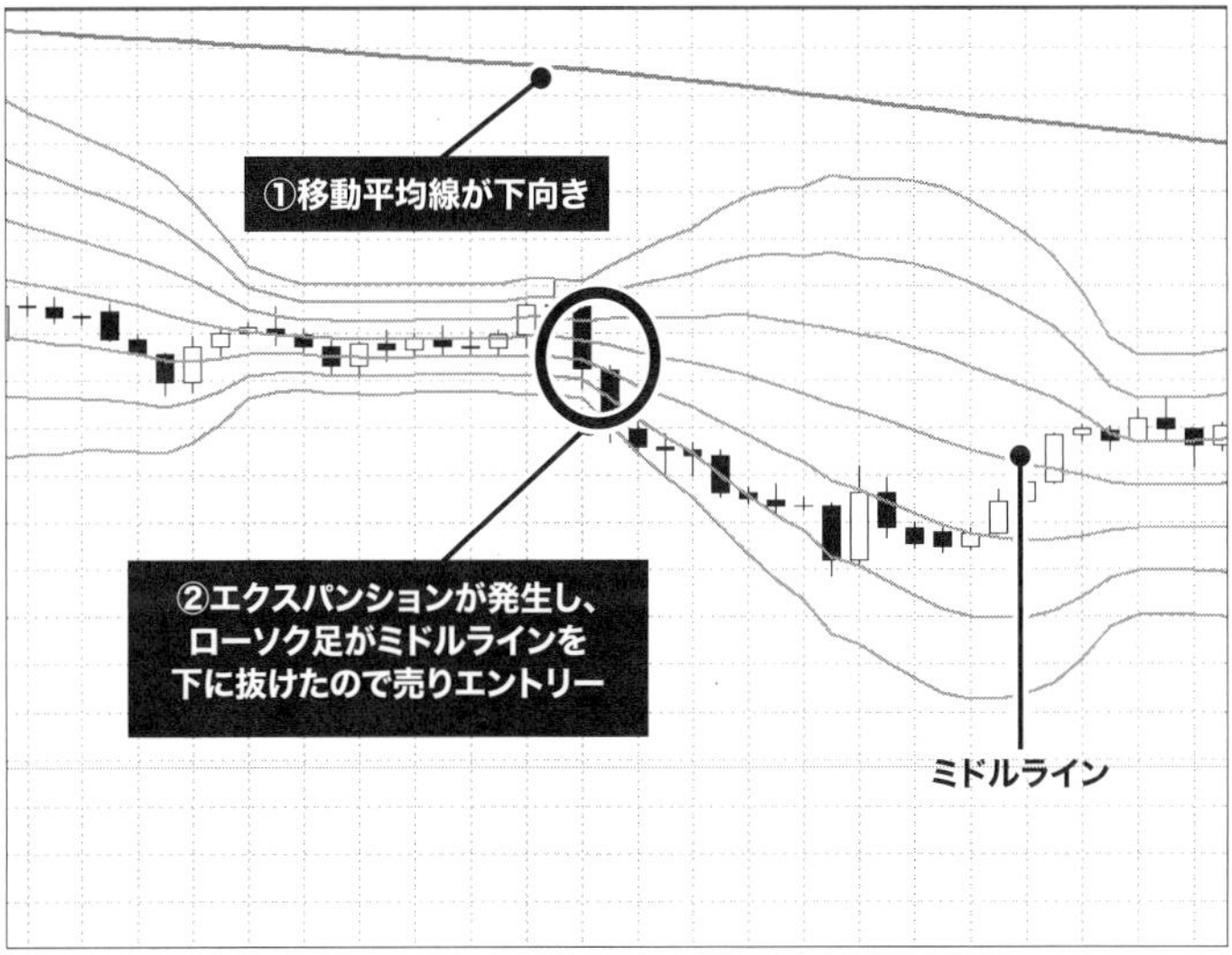
①移動平均線が下向き
②エクスパンションが発生し、ローソク足がミドルラインを下に抜けたので売りエントリー
ミドルライン

下降トレンド中に、エクスパンションが発生したタイミングで、ローソク足がミドルラインを下に抜けたら売りエントリーする。

エクスパンションを狙ってエントリーします

スクイーズが発生するかローソク足が反転したらイグジット

04

トレンドが終了したらイグジット

私のイグジットのポイント

スクイーズが発生したり、ローソク足が反転したりしたら、トレンドが終了したと判断してイグジットします。ローソク足の反転はその時の状況に応じてイグジットのタイミングが異なります。

つくしさん

▼スクイーズが発生したらイグジット

イグジットするタイミングはふたつあります。

ひとつめはスクイーズが発生したタイミングです。ただσラインが収縮したらスクイーズと判断するのではなく、次の条件を満たしたらスクイーズが発生したと判断します。

①σラインが収縮している

②ローソク足やミドルラインの勢いが落ちている

σラインの動きだけだとダマシの可能性もあるので、ローソク足やミドルラインの勢いが落ちてきたら、スクイーズと判断してイグジットするわけです。

▼ローソク足が反転したらイグジット

ふたつめはローソク足が反転したときです。

ボリバンがスクイーズの動きをする前でも、ローソク足が大きく反転の動きをしたら含み益があるうちにイグジットします。

イグジットのタイミング①

スクイーズが発生したらイグジット

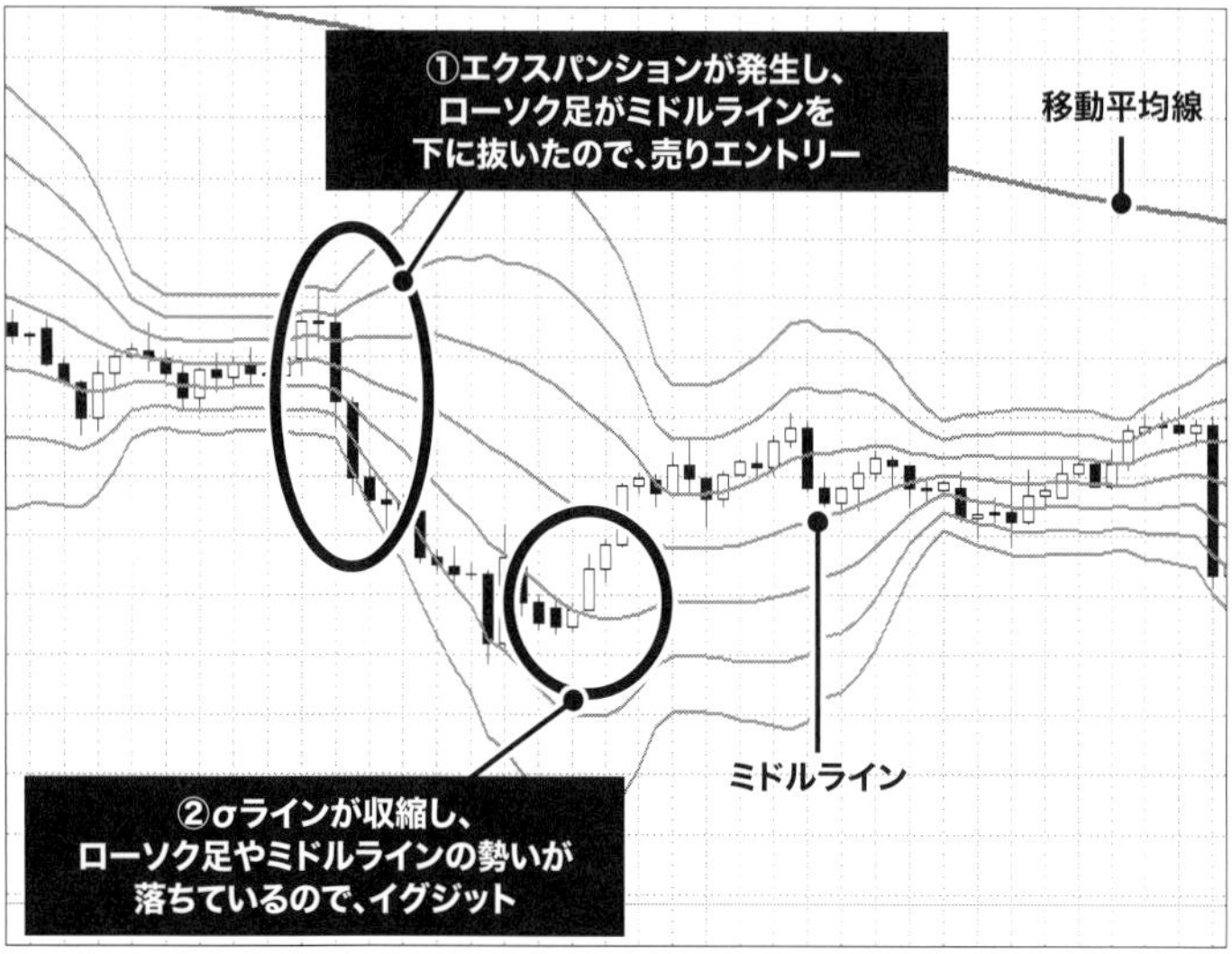
①エクスパンションが発生し、
ローソク足がミドルラインを
下に抜いたので、売りエントリー
移動平均線
ミドルライン
②σラインが収縮し、
ローソク足やミドルラインの勢いが
落ちているので、イグジット

エントリー後、σラインが収縮しはじめ、ミドルラインの傾きが緩やかになり、ローソク足の勢いが落ちているので、イグジットする。

そのときの状況によってイグジットするタイミングが異なるので、具体的にこのタイミングというものはありません。

ひとつの目安としては、ローソク足が反転しもみ合っているような状況になったらイグジットします。

イグジットのタイミング②

ローソク足が反転したらイグジット

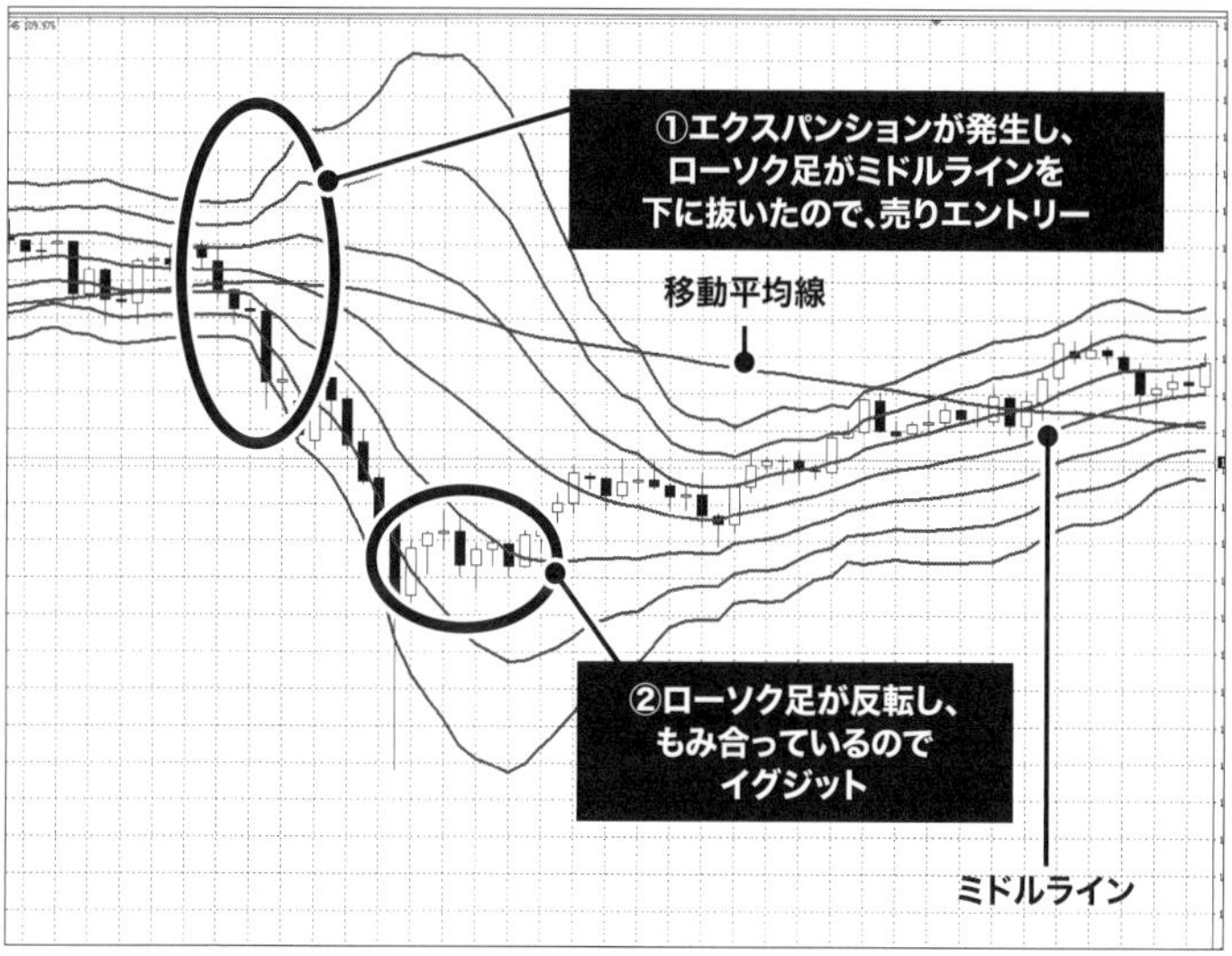
①エクスパンションが発生し、
ローソク足がミドルラインを
下に抜いたので、売りエントリー
移動平均線
②ローソク足が反転し、
もみ合っているので
イグジット
ミドルライン

エントリー後、ローソク足が反転し、もみ合っているので、トレンドが終了したと判断してイグジットする。

トレンドの勢いが
落ちたらイグジット

ローソク足がミドルラインを突き抜けたらイグジット

05

ミドルラインを突き抜けたらトレード失敗

私のイグジットのポイント

エントリー後にローソク足が反転したら失敗と判断してイグジットします。タイミングによっては押し目や戻りでイグジットすることになりますが、リスクを避けるために機械的にイグジットします。

つくしさん

▼エントリー後にローソク足が反転したらイグジット

トレード失敗の判断はローソク足がミドルラインを突き抜けたタイミングで行います。買いエントリーの場合はローソク足がミドルラインを下に抜けたとき、売りエントリーの場合はローソク足がミドルラインを上に抜けたときにイグジットします。

押し目や戻りでミドルラインを抜けてしまうこともありますが、放っておくとそのまま損失を増やす結果になりかねないので、失敗したと判断してイグジットすることが重要です。

▼エントリー前後にローソク足が大きく動いたら注意

ローソク足が大きく動いたあとに反転する「リバウンド」という現象があります。エクスパンション発生時はローソク足が大きく動きやすい傾向があるため、リバウンドには注意が必要です。

エクスパンション発生時にいくつものラインを一気に突き抜けるような動きを

したときは、リスクをできるだけ抑えたいのであれば、エントリーしないというのもひとつの手です。

逆にリスクをとってでも、リターンを追求するのであれば、直前のローソク足の動きはあまり気にせずにトレードするといいでしょう。

トレード失敗のタイミング

ローソク足が反転したらイグジット

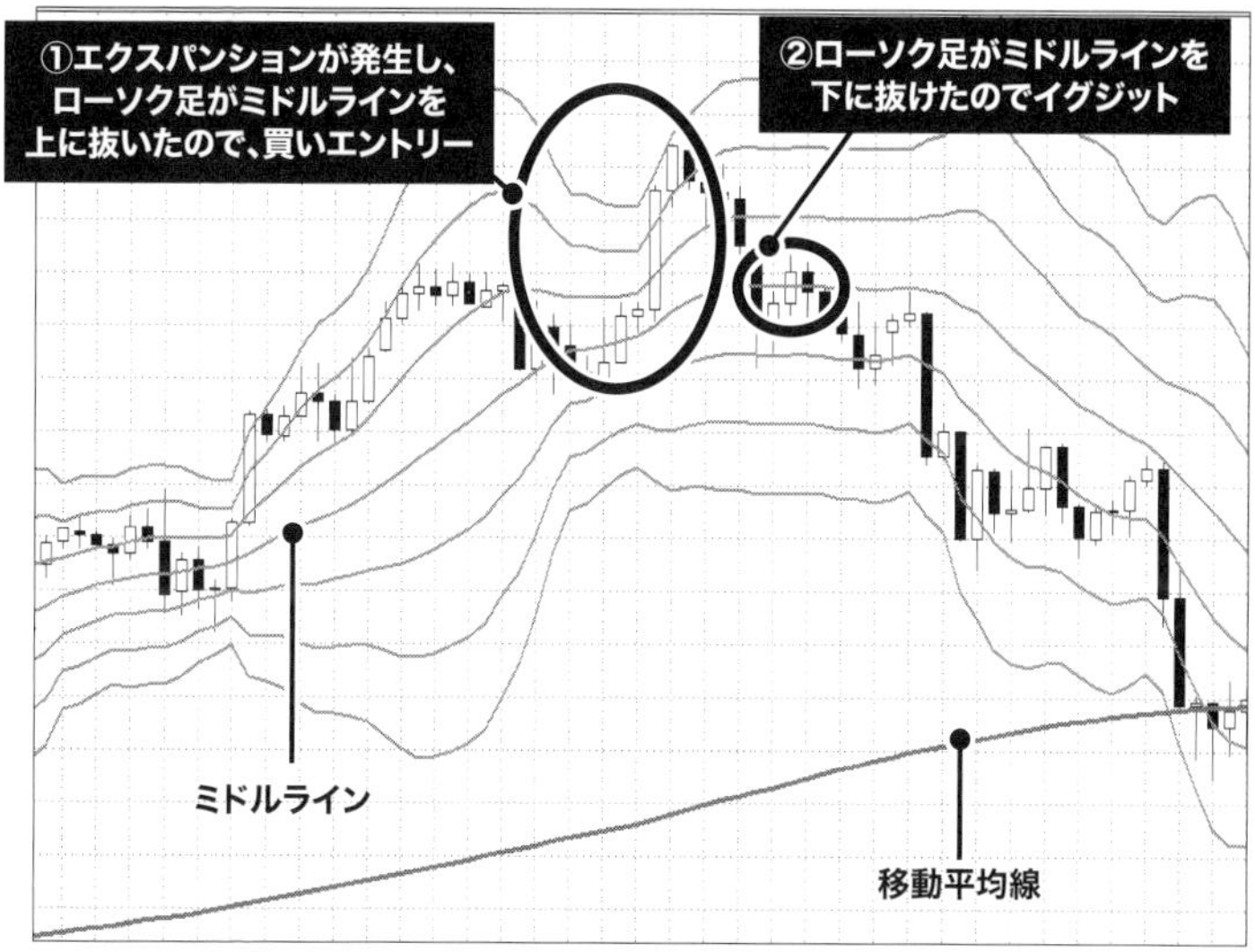
①エクスパンションが発生し、ローソク足がミドルラインを上に抜いたので、買いエントリー
②ローソク足がミドルラインを下に抜けたのでイグジット
ミドルライン
移動平均線

ローソク足が反転し、ミドルラインを下に抜けたのでイグジットする。

ローソク足がミドルラインを抜けたらイグジットです

06

バンドウォーク発生もエントリーのチャンス

私のエントリーのポイント

バンドウォーク発生はトレンドが強いサインなので、エントリーを狙います。特にトレンドが強い場合はエクスパンションによるエントリーがしにくいので、バンドウォークを狙ったエントリーになります。

つくしさん

バンドウォーク発生でエントリー

トレンドの勢いが非常に強いときは、エクスパンションが発生する前にローソク足が大きく動き、エントリーできないときがあります。そんなときは、ローソク足がσラインに張り付く、バンドウォークを狙ってエントリーします。

たとえば、上昇トレンド中にエクスパンションが発生したものの、すでにローソク足がプラス1σを抜けている場合は、ローソク足がσラインに2～3本連続で張り付いているのを確認したらバンドウォークと判断して、買いエントリーします。

この場合のイグジットのタイミングは124ページや128ページで紹介した方法と同じです。

なお、このエントリー方法はリスクが高いです。エントリーした直後にローソク足が反転することもあるため、勝率自体はあまり高くありません。一方、うまくいった場合の利益は大きいので、ハイリスク・ハイリターンの手法といえます。

つくしさん自身も年間の収益が大きくプラスだったときのみ、狙うようにしていると言います。資金に余裕があるときに限り、挑戦するといいでしょう。

売りサイン

エクスパンション発生後、σラインでバンドウォークが発生したタイミング

買いサイン

エクスパンション発生後、σラインでバンドウォークが発生したタイミング

つくしさん

バンドウォークを狙ったエントリー

買いの場合

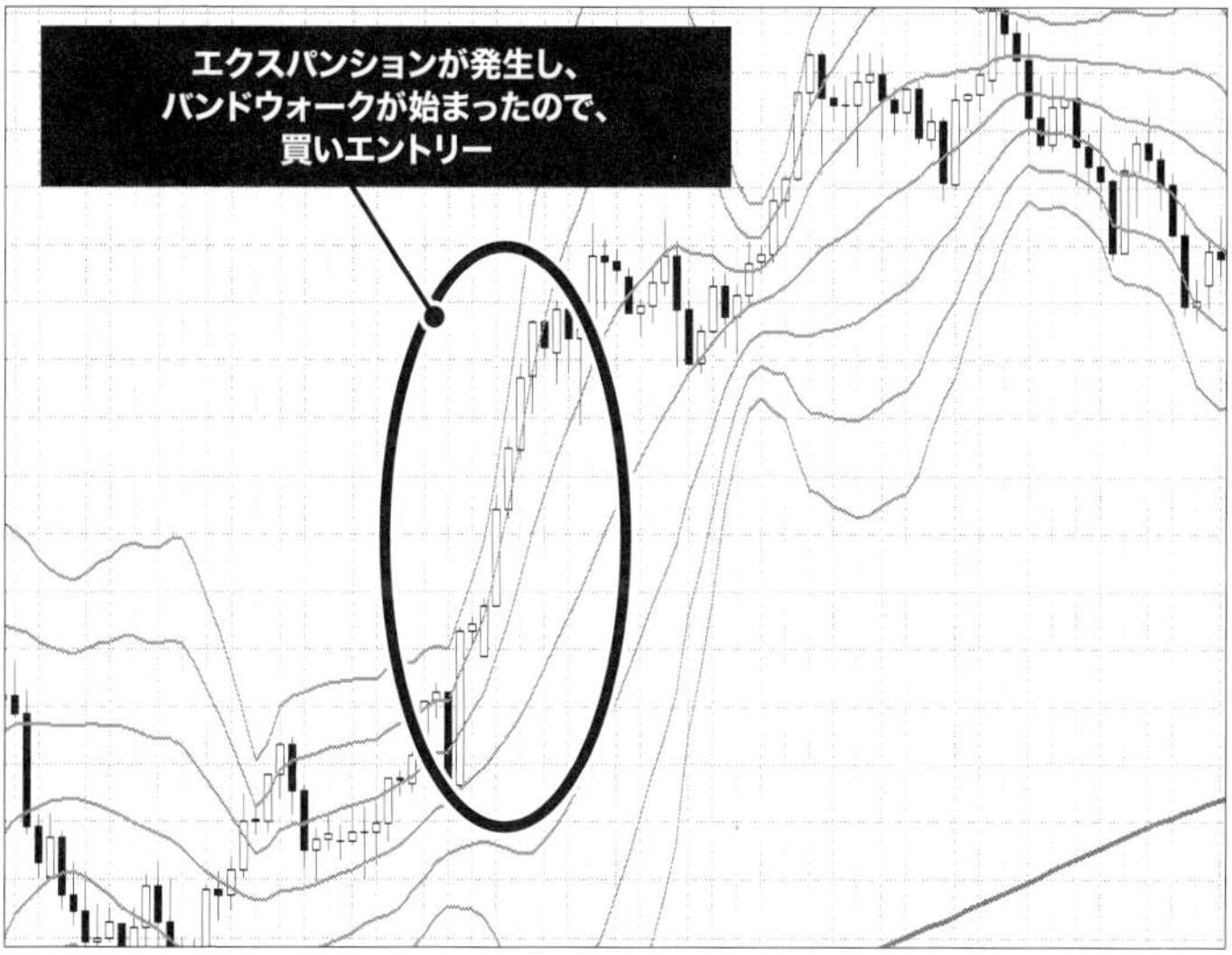

ローソク足がすでにプラス１σの上にある状態のときに、エクスパンションが発生し、バンドウォークが始まったので買いエントリーする。

ファンダメンタルズの影響が強いときはトレードしない

07

トレードをするのはテクニカルが通用する相場のみ

私のトレードのポイント

市場がファンダメンタルズを強く意識しているときや経済的、政治的要因や災害、主要国の選挙などの影響で相場が動いているときは、テクニカル指標が通用しないのでトレードしません。

つくしさん

テクニカルが機能しないときはトレードしない

つくしさんには、トレードをしない期間があります。それは、テクニカル指標が通用しない相場になったときです。

わかりやすい例でいうと2023年1月の日銀の金利発表前後はテクニカル指標が通用しにくくなると判断してトレードしませんでした。

この時期は日銀が利上げするかどうかが注目されており、テクニカルではなく、ファンダメンタルズ重視の相場でした。さらにアメリカの指標発表も控えていたこともあり、テクニカル指標が通用しないと判断してトレードをしない期間としていました。

このように、市場が指標や金利に注目している期間はトレードしない期間になりやすい傾向があります。また、それ以外にも〇〇ショックなどのような経済的、政治的要因や災害などで相場が動いているようなときはテクニカル指標が機能していないため、トレードをしません。

ただし、トレードをしないのは長くても2カ月程度です。2カ月もすれば、そういったニュースの影響が相場に与える影響は小さくなり、テクニカル指標もそれらの動きを含めたものになるため、テクニカル指標が機能するようになってきます。たとえば、２０２０年に発生したコロナショック時は、約1か月程度で相場が落ち着きを取り戻しました。

テクニカル指標が通用しなくなる相場を見極めるためにも、日々のニュースなどはチェックしたほうがいいでしょう。

コロナショック時の動き

2020年2月〜4月の米ドル／日本円の日足チャート

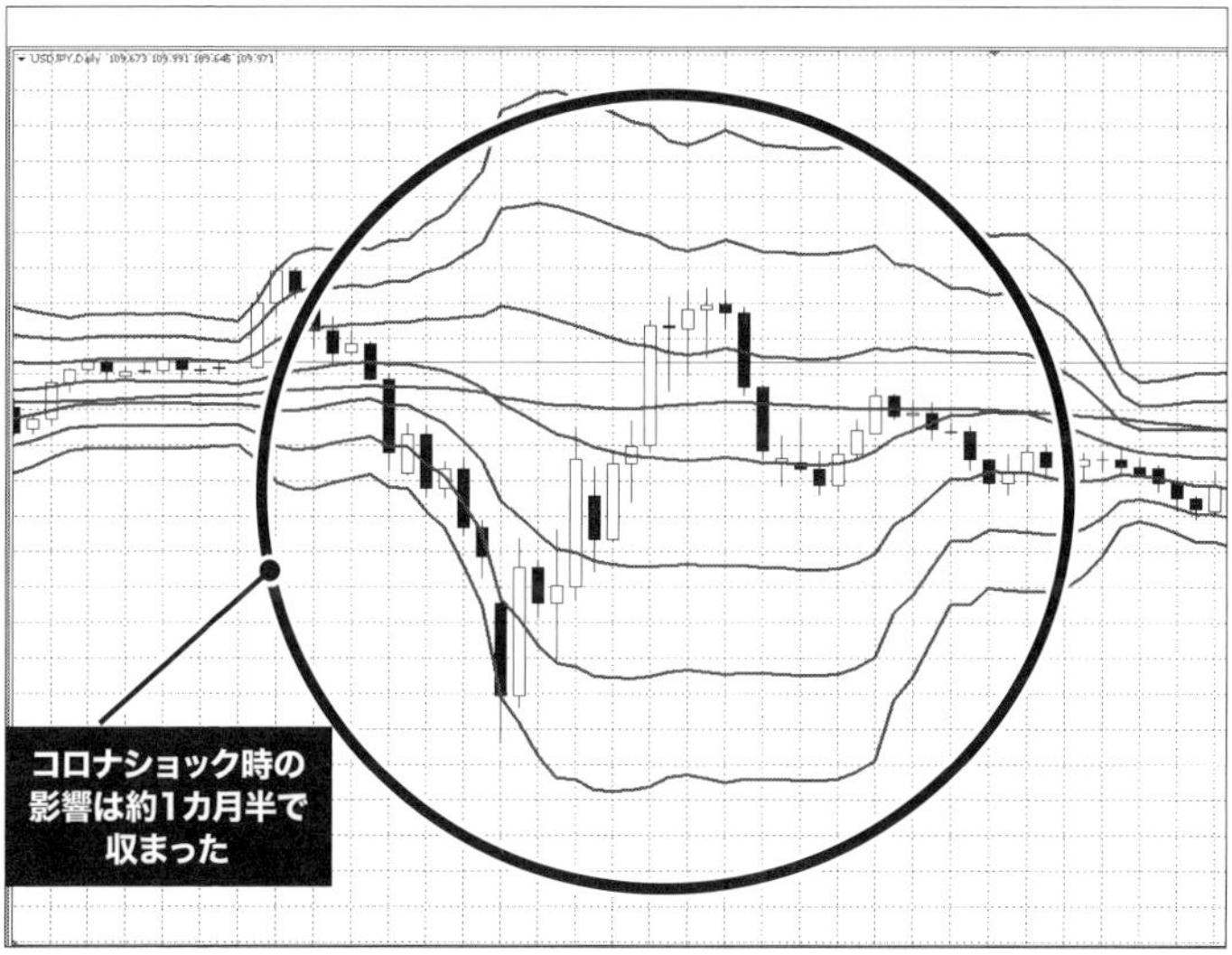
コロナショック時の
影響は約1カ月半で
収まった

コロナショック発生直後は、テクニカル指標を無視する動きをしたものの、その後は落ち着いた相場に移行した。

テクニカル指標で分析できない相場はトレードしません

ボリバンと一目均衡表の雲を使ったトレード手法

01

けいめいさんの手法

私のトレードのポイント

ボリバンと一目均衡表の雲を使ったトレード手法です。ボリバンのミドルラインでトレンドを確認後、雲のねじれやローソク足の動きを見て、トレードを行います。

けいめいさん

▼一目均衡表の雲とボリバンを使う

けいめいさんの投資手法は、ボリバンのミドルラインでトレンドを確認し、一目均衡表の雲やボリバンの動きを見ながらトレードを行います。

日足を使ったトレードがメインなのでポジションの保有期間は場合によっては数カ月に及ぶこともあります。

使用するテクニカル指標の設定は次のようになります。

一目均衡表

転換線「9」

基準線「26」

先行スパンB「52」

ボリバン

参照期間「20」

σライン「±1σ」「±2σ」「±3σ」

ローソク足

「4時間足」「日足」「週足」

トレード対象の通貨ペアは米ドル／日本円やユーロ／日本円、英ポンド／日本円がメインです。トレードをするのは日足がメインですが、日足でサインが出ていない場合は4時間足も利用します。週足にはボリバンだけを表示してトレンド確認用として使用しています。

けいめいさん

けいめいさんのチャート画面

ボリバンと雲を表示する

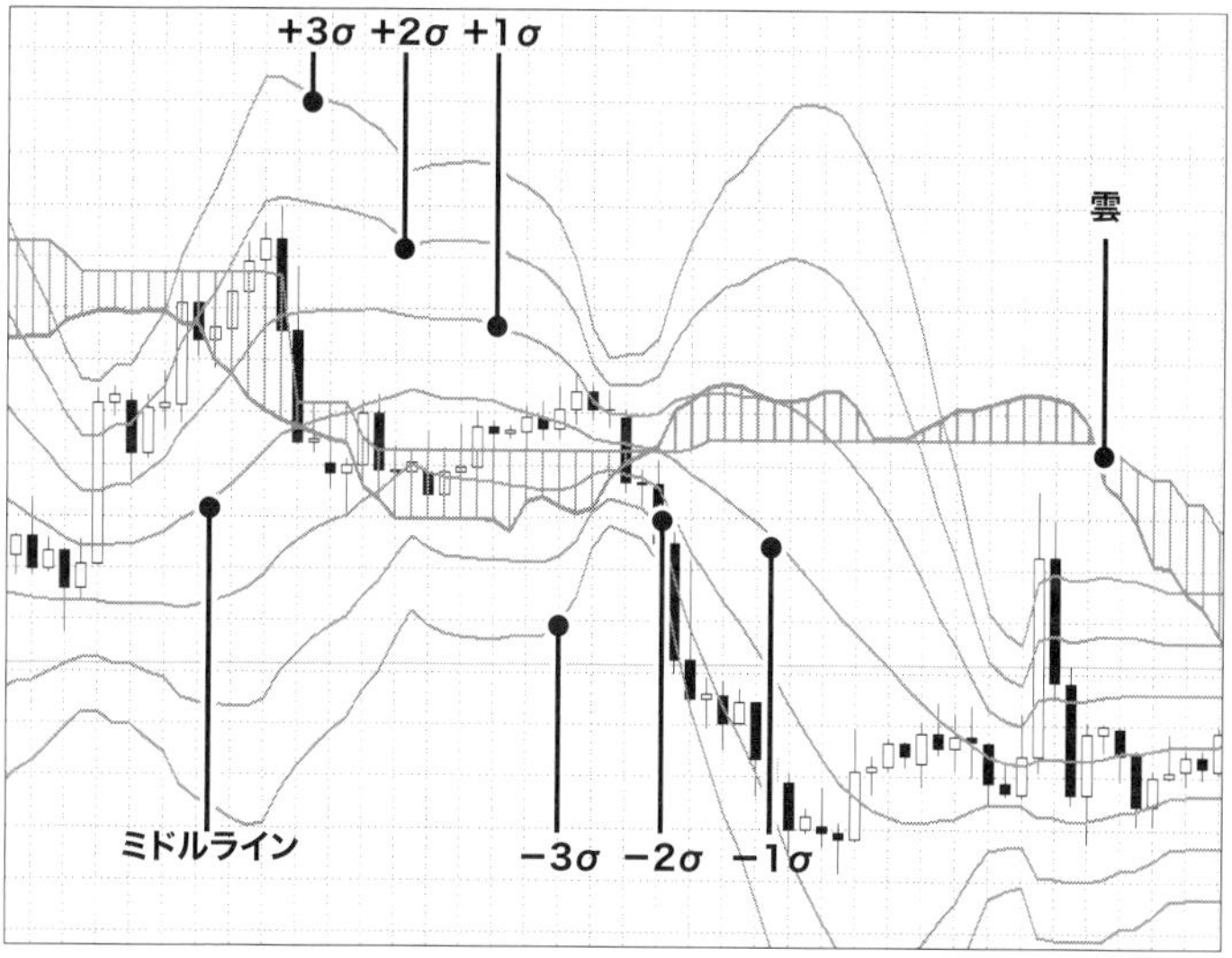

参照期間 20 のボリバンとデフォルト設定の一目均衡表の雲を表示する。

長期チャートでトレンドが確認できるかがポイント

02

エントリーは雲のねじれを狙う

私の相場分析のポイント

週足でトレンドを確認し、日足や4時間足で雲のねじれが発生したタイミングで、ローソク足が雲を突き抜けたらエントリーを狙います。

長期チャートとトレンドを確認する

エントリー前に、週足でトレンドの方向性を確認します。確認方法はボリバンのミドルラインと直近のローソク足を見ます。トレンドの判断方法は次のようになります。

①直近のローソク足が陰線なら短期的に下降トレンドが強い
②直近のローソク足が陽線なら短期的に上昇トレンドが強い
③ミドルラインが上向きなら中期的に上昇の力が強い
④ミドルラインが下向きなら中期的に下降の力が強い
⑤上昇中のローソク足とプラスσの位置が近ければ下落の可能性がある
⑥下落中のローソク足とマイナスσの位置が近ければ上昇の可能性がある

いろいろ見ているので難しく感じるかもしれませんが、けいめいさん自身はパッと見てなんとなくで判断しているので、難しく考える必要はないと言います。

基本的に中期的なトレンドと同じ方向にトレードする場合はトレード枚数を増やし、逆方向にトレードする場合はトレード枚数を減らしています。

ローソク足とσラインの位置関係でトレンド確認

ローソク足がどこで推移しているかを見る

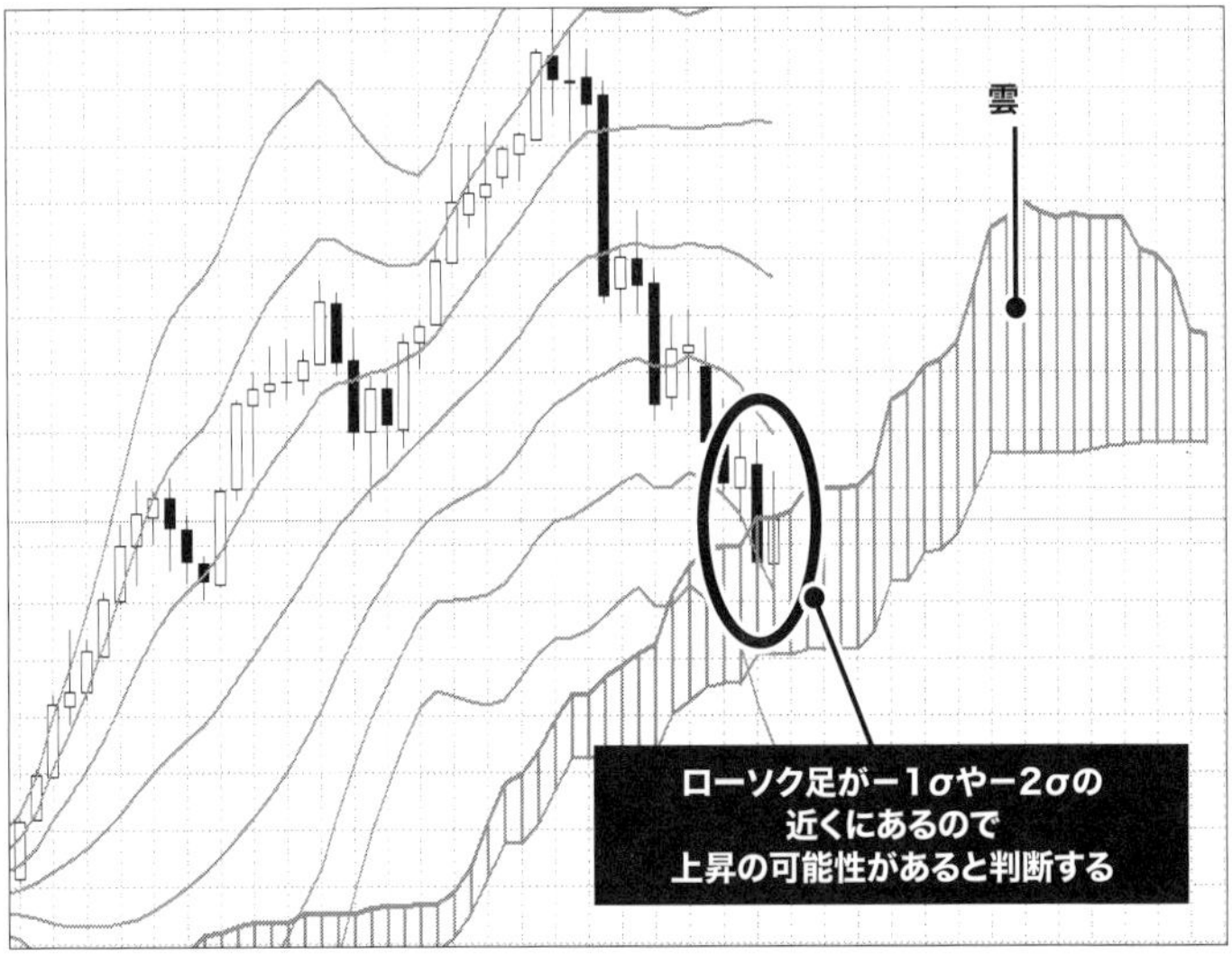
雲
ローソク足が−1σや−2σの
近くにあるので
上昇の可能性があると判断する

ローソク足が陽線であることや下降しつつ−σライン付近で推移しているので上昇の可能性があるが、ミドルラインが下向きなので中期的には下落する傾向が考えられる

また、短期的なトレンドと中期的なトレンドが同じ場合もチャンスになりやすいので、トレード枚数を増やしています。

けいめいさんのエントリー手法は、一目均衡表の雲のねじれをメインにしたものとボリバンをメインにしたもの（158ページ参照）の2種類があります。

雲のねじれを狙った手法では、雲の動きを見て

けいめいさん

エントリーの判断をします。

一目均衡表の雲のねじれは相場の転換を意味するので、雲のねじれが発生した前後はローソク足が大きく動きやすい傾向があります。雲がねじれたタイミングで、ローソク足が雲を突き抜けて、確定したときは、大きなトレンドが発生している可能性が高いと判断できます。

このとき、ボリンジャーバンドのσラインの向きを確認します。ローソク足が上に突き抜けたときにσラインが上昇していれば買いエントリー。下に突き抜けたときにσラインが下落していれば売りエントリーします。

雲は先行して表示されるので、雲のねじれを見つけたらエントリーチャンスになる可能性が高いと考え、準備しておきましょう。

この手法で注意したいのは、先行する雲のねじれが短期間に何度も発生している場合は、エントリーをしないことです。

一目均衡表の雲を形成している先行スパンAと先行スパンBがもみ合っているときは、何度もねじれが発生します。この状況はトレンドの方向がはっきりしていないと判断します。仮にローソク足が雲を突き抜けたとしても、すぐに反転してしまう可能性が高いので、エントリーには適していない相場状況だといえます。そのため、先行している雲を見て何度もねじれが発生している場合は、トレードをしません。

逆にねじれ後に雲が大きく広がっている場合はしっかりとしたトレンドが発生する可能性が高いので、枚数を多めにしてトレードします。

売りサイン 雲のねじれが発生したポイントの前後でローソク足が雲を下に突き抜け、σラインが下落しているタイミング

買いサイン 雲のねじれが発生したポイントの前後でローソク足が雲を上に突き抜け、σラインが上昇しているタイミング

けいめいさん

雲のねじれを狙ったエントリー

売りエントリーの場合

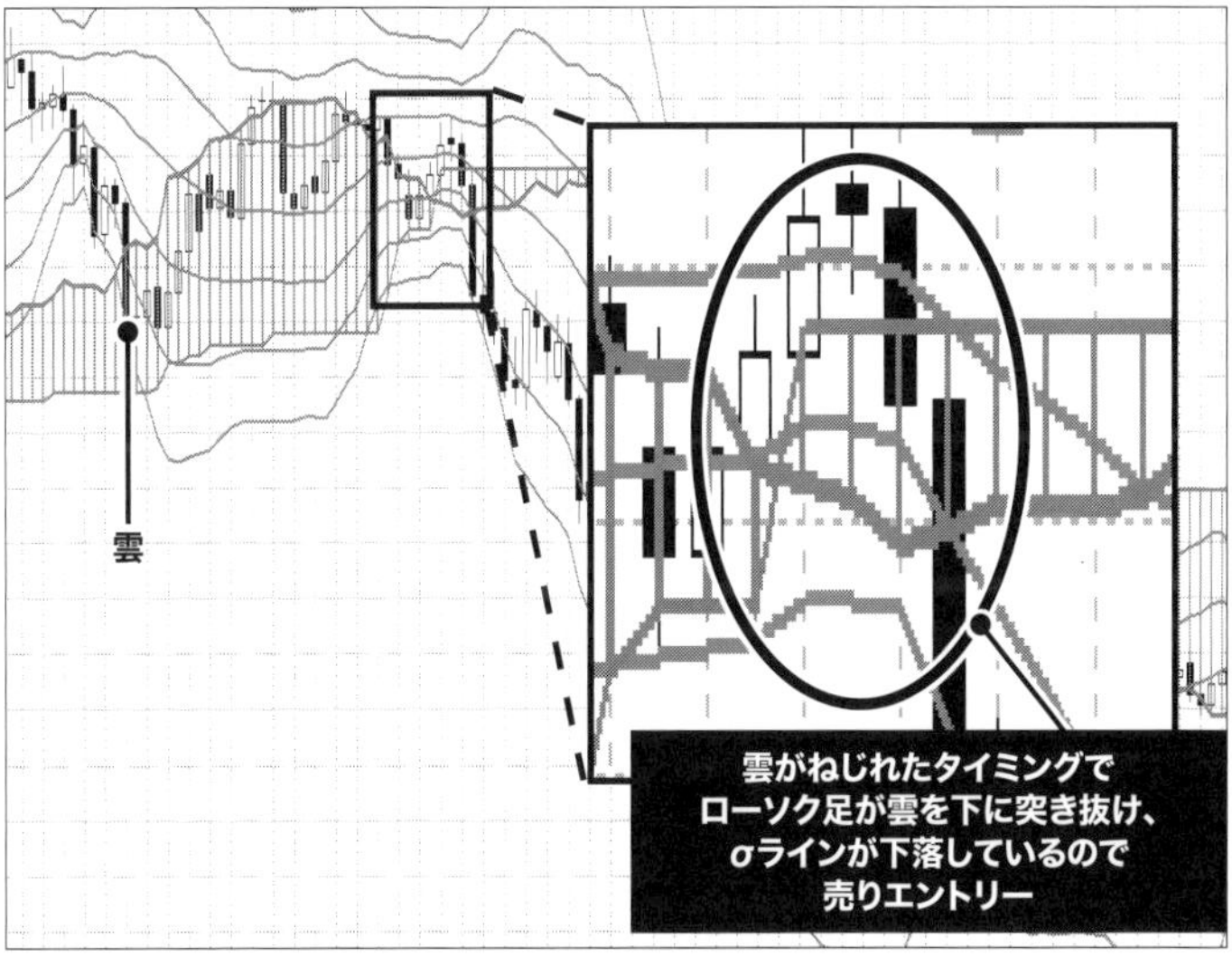
雲
雲がねじれたタイミングで
ローソク足が雲を下に突き抜け、
σラインが下落しているので
売りエントリー

雲がねじれた前後でローソク足が雲を突き抜けたらエントリーする。

雲のねじれの前後の動きにも注目

03

ローソク足の動きでイグジットを判断する

私のイグジットのポイント

ローソク足がミドルラインまで戻るか、$\pm 3\sigma$を突き抜けたらイグジットします。どちらもトレンドが弱くなっている可能性があるので、イグジットのタイミングにしています。

けいめいさん

ミドルラインまで戻ったらイグジット

雲のねじれたタイミングでエントリーした場合のイグジットは2種類のパターンがあります。

ひとつめの利食いパターンは、ローソク足がミドルラインまで戻ったタイミングです。たとえば買いエントリーした場合は、ミドルラインより上でローソク足が推移したあとにミドルラインまで下落し、確定したらイグジットをします。売りの場合は、ミドルラインより下でローソク足が推移したあとにミドルラインまで上昇し、確定したタイミングです。

ローソク足がミドルラインをいったん越えたあとに、再び戻った場合は、トレンドが弱くなっている可能性が高いため、イグジット基準にしています。

±3σを突き抜けたらイグジット

もうひとつのイグジットはローソク足がボリンジャーバンドの±3σを突き抜けたタイミングです。

ミドルラインを基準にしたイグジット

売りエントリーの場合

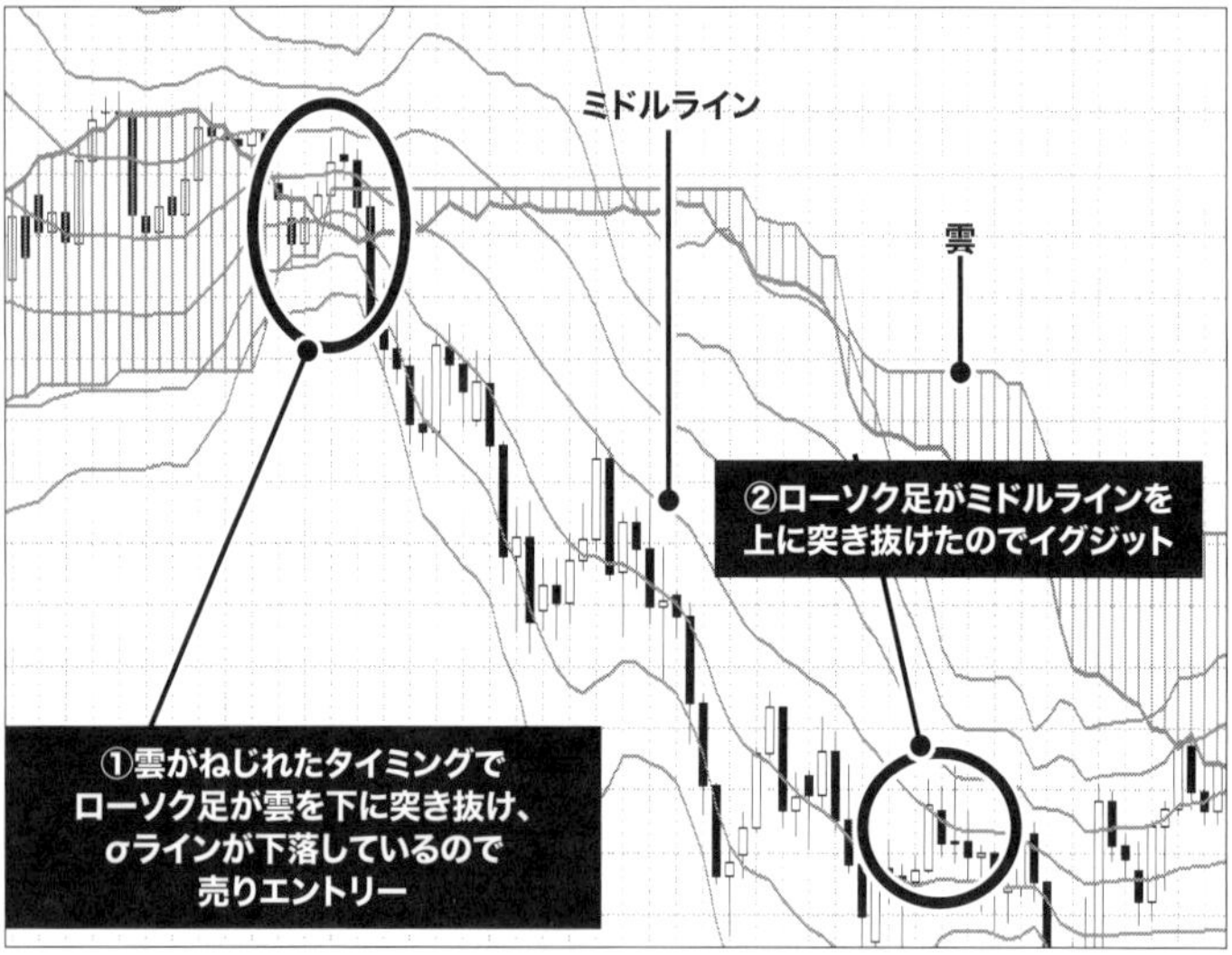
ミドルライン
雲
②ローソク足がミドルラインを
上に突き抜けたのでイグジット
①雲がねじれたタイミングで
ローソク足が雲を下に突き抜け、
σラインが下落しているので
売りエントリー

ローソク足の実体がミドルラインを突き抜けたらイグジットする。

たとえば、買いエントリーしたあと、プラス3σを突き抜けたらイグジットします。±3σは強力な抵抗線や支持線として機能します。そのため、ローソク足が±3σを突き抜けたら反転する可能性を考えイグジットします。

ただし、エントリー時にσライン同士の幅が狭い状態のときは3σを突き抜けても様子見します。

±3σを基準にしたイグジット

売りエントリーの場合

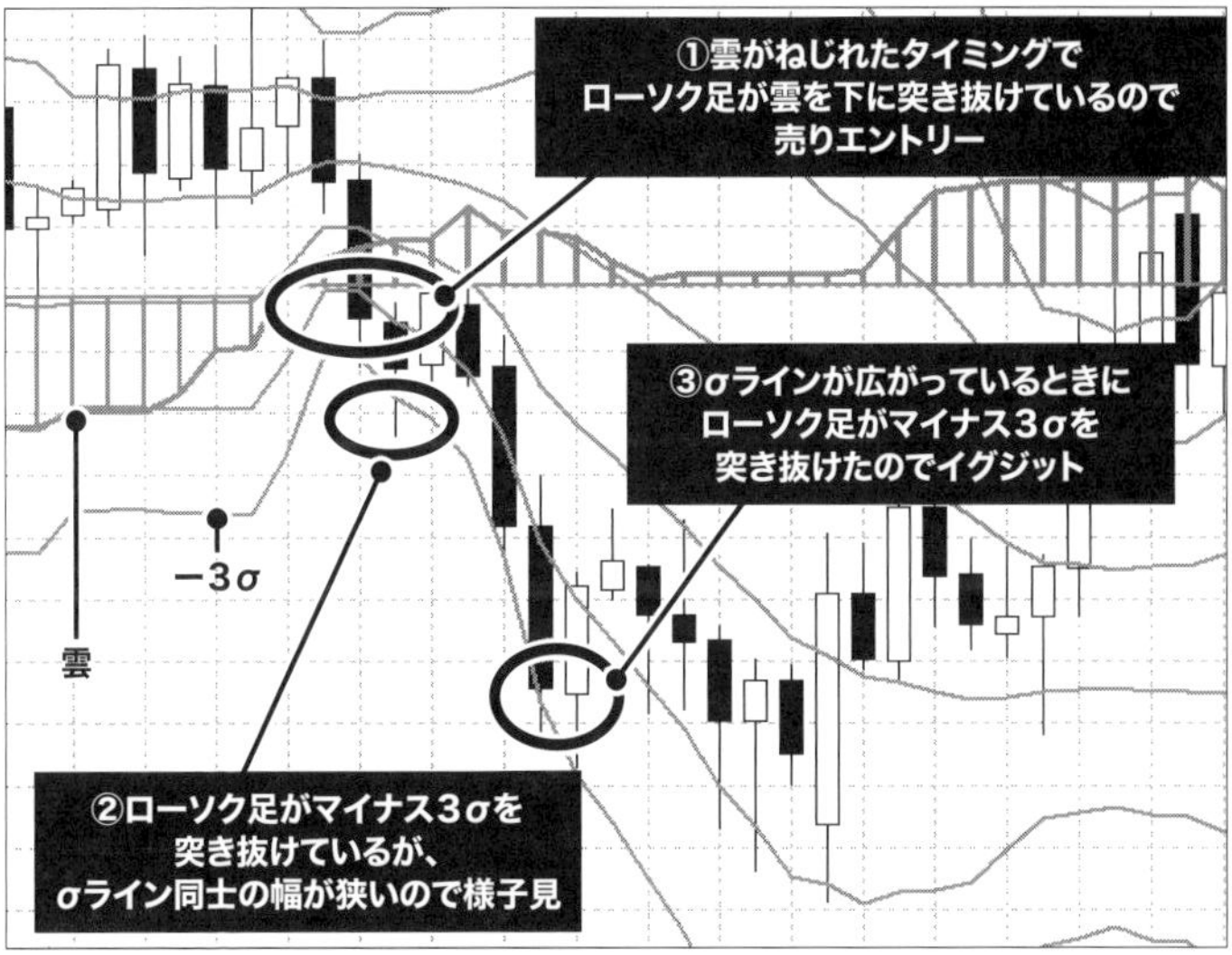
①雲がねじれたタイミングで
ローソク足が雲を下に突き抜けているので
売りエントリー
③σラインが広がっているときに
ローソク足がマイナス3σを
突き抜けたのでイグジット
−3σ
雲
②ローソク足がマイナス3σを
突き抜けているが、
σライン同士の幅が狭いので様子見

ローソク足がマイナス３σを突き抜けたのでイグジットする。

σラインが狭いときは
±3σにタッチしても続行

04

ローソク足が雲まで戻ったらトレード失敗

私のイグジットのポイント

エントリー後、すぐにローソク足が反転し、雲まで戻ったらトレード失敗と判断してイグジットします。

けいめいさん

▼エントリー直後にローソク足が反転したらイグジット

トレードを失敗したと判断する基準はエントリー後、ローソク足が反転し、雲をエントリー方向とは逆に突き抜けたタイミングです。その場合、トレード失敗と判断してイグジットします。

また、ローソク足が雲の中に入ったものの、突き抜けず雲の中を推移している状況が続いている場合は、ボリバンのミドルラインを確認します。傾きが弱かったり、エントリーした方向とは逆方向に傾いたりした場合もイグジットします。

▼ローソク足反転後のエントリーサインは避ける

ローソク足が反転したあとに158ページで紹介する別の手法のエントリーサインが出る場合があります。

このときはエントリーはしません。なぜなら、エントリー直後に反転した場合は、さらにもう一度反転することが珍しくありません。また、雲のねじれを理由にエントリーしているため、トレンドがエントリーとは逆側の方向になっている可能性もあります。そのほかにも、上下に短期的なトレンドを繰り返しながらレンジ相場に移行することもあり、あまりトレードに適した相場状況とは言えません。

無理にトレードせずに、相場が落ち着くまで様子見をしたほうがいいでしょう。

トレード失敗のタイミング

ローソク足が反転したらイグジット

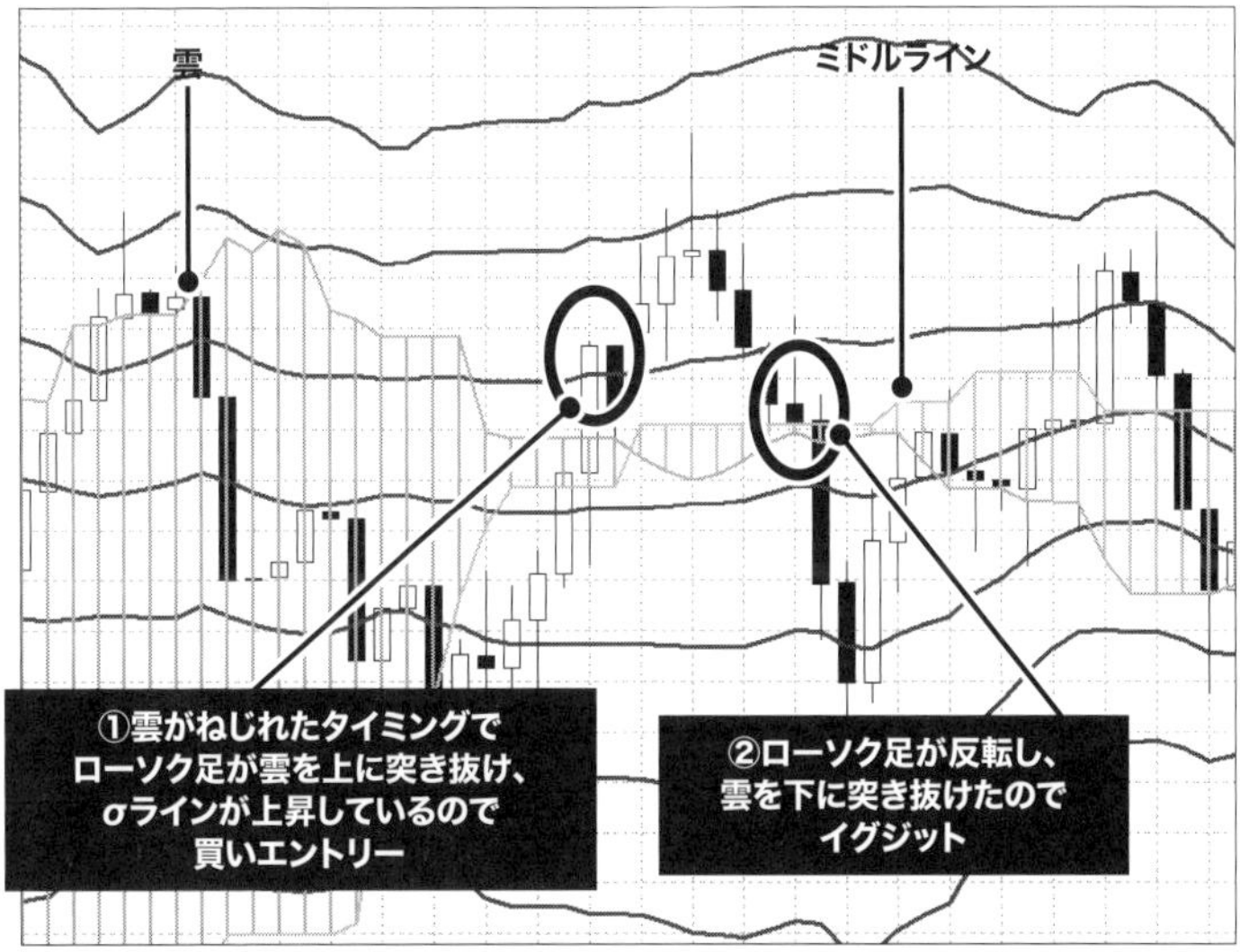
雲
ミドルライン
①雲がねじれたタイミングでローソク足が雲を上に突き抜け、σラインが上昇しているので買いエントリー
②ローソク足が反転し、雲を下に突き抜けたのでイグジット

ローソク足が反転し、雲を下に突き抜けたのでイグジットする。

トレンドの勢いが落ちたらイグジット

05

エクスパンションを狙ってエントリー

私のエントリーのポイント

日足でエクスパンションが発生したらエントリーを狙います。エクスパンションの発生中にローソク足が雲を突き抜けるか、ローソク足が雲の上下で推移していたらエントリーします。

けいめいさん

エクスパンション中のローソク足と雲の位置に注目

ボリバンを利用したもうひとつの手法は、σラインが広がるエクスパンションを狙う手法です。

ただし、エクスパンションが発生しただけだと上下どちらに動くのかわからないので、トレンドとローソク足と雲の位置からどちらにエントリーするのかを決めます。

具体的には、145ページで紹介した方法で中期的なトレンドを確認し、上昇トレンド中にエクスパンションが発生した状態でローソク足が雲を上に突き抜けたり、雲の上を推移していれば、買いエントリー。下降トレンド中にローソク足が雲を下に突き抜けたり、雲の下を推移していれば、売りエントリーをします。

ローソク足が雲の上や下に推移している場合は、σラインが広がり始めたタイミングでエントリーしますが、ローソク足が雲を突き抜けた場合は、突き抜けた状態でローソク足が確定したらエントリーします。

また、エントリー前後で雲がねじれていた場合は、信頼性が高いので、トレード枚数を多くしてエントリーします。

売りサイン

エクスパンションが発生中にローソク足が雲を下に突き抜けるか、雲の下で推移しているとき

買いサイン

エクスパンションが発生中にローソク足が雲を上に突き抜けるか、雲の上で推移しているとき

けいめいさん

エクスパンションを狙ったエントリー

買いエントリーの場合

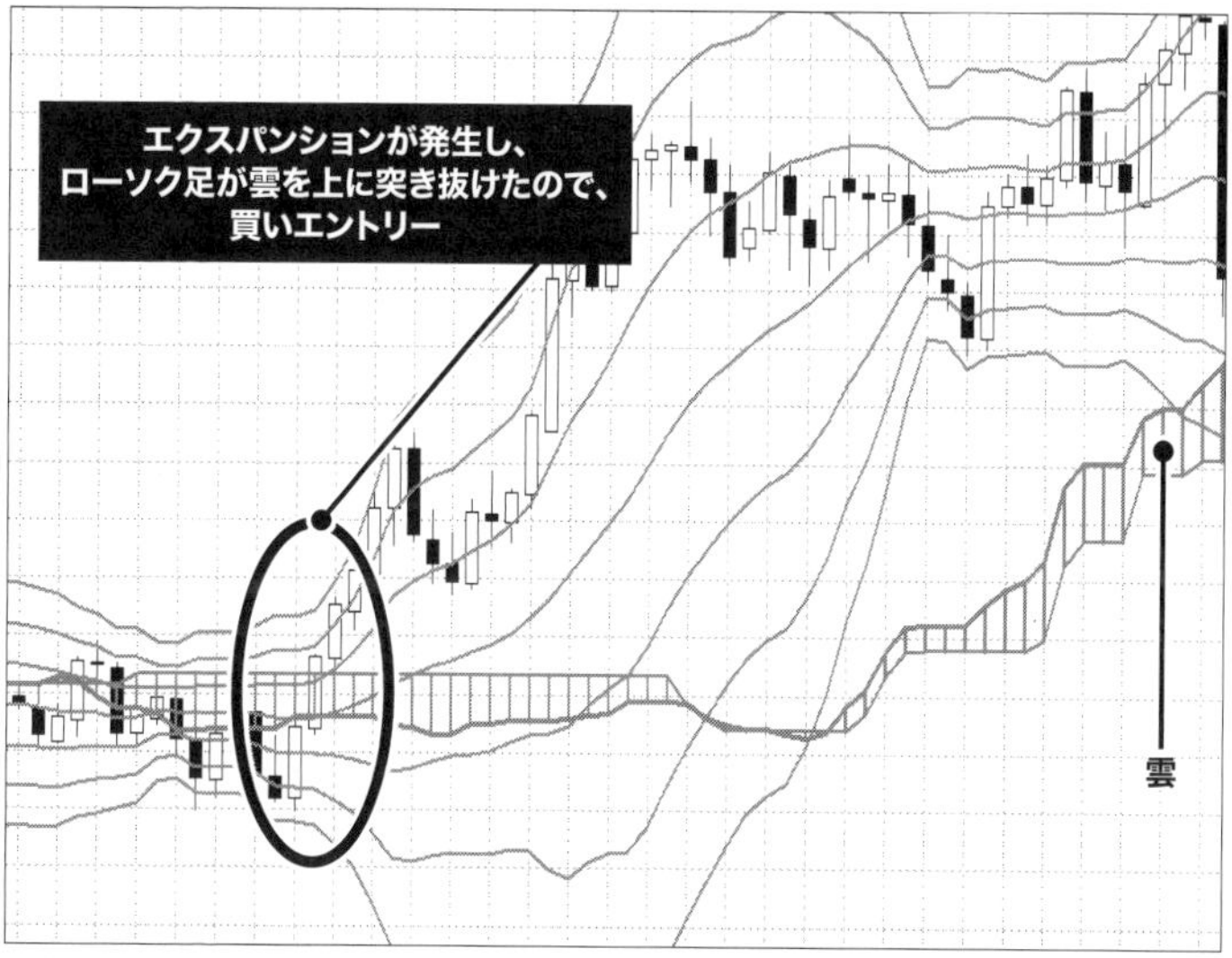

エクスパンションが発生し、
ローソク足が雲を上に突き抜けたので、
買いエントリー
雲

エクスパンションが発生し、ローソク足が雲を上に突き抜けたので買いエントリーする。

エクスパンションと
雲ブレイクが同時に
発生したらチャンス

06

スクイーズが発生したらイグジット

私の損切りのポイント

エントリー後、スクイーズが発生したり、ローソク足がミドルラインを突き抜けたら、イグジットします。ローソク足がミドルラインを突き抜けた場合は、ローソク足が確定するまでイグジットを待ちます。

けいめいさん

▼スクイーズが発生したらイグジット

イグジットのタイミングはふたつあります。

ひとつめは、ボリバンのσラインが収縮するスクイーズが発生したタイミングです。

ただし、スクイーズが発生しただけでは、ダマシの可能性もあるので、ミドルラインでダマシかどうかを見極めます。ミドルラインの傾きが緩やかになっていたり、逆方向に向いていたら、トレンド終了の可能性が高いと判断してイグジットします。

▼ローソク足がミドルラインを突き抜けたらイグジット

ふたつめのイグジットのタイミングはローソク足がミドルラインを突き抜けたときです。

買いエントリーの場合はローソク足がミドルラインを下に突き抜けたとき、売りエントリーの場合はローソク足がミドルラインを上に突き抜けたときにイグ

イグジットのタイミング①

スクイーズが発生したらイグジット

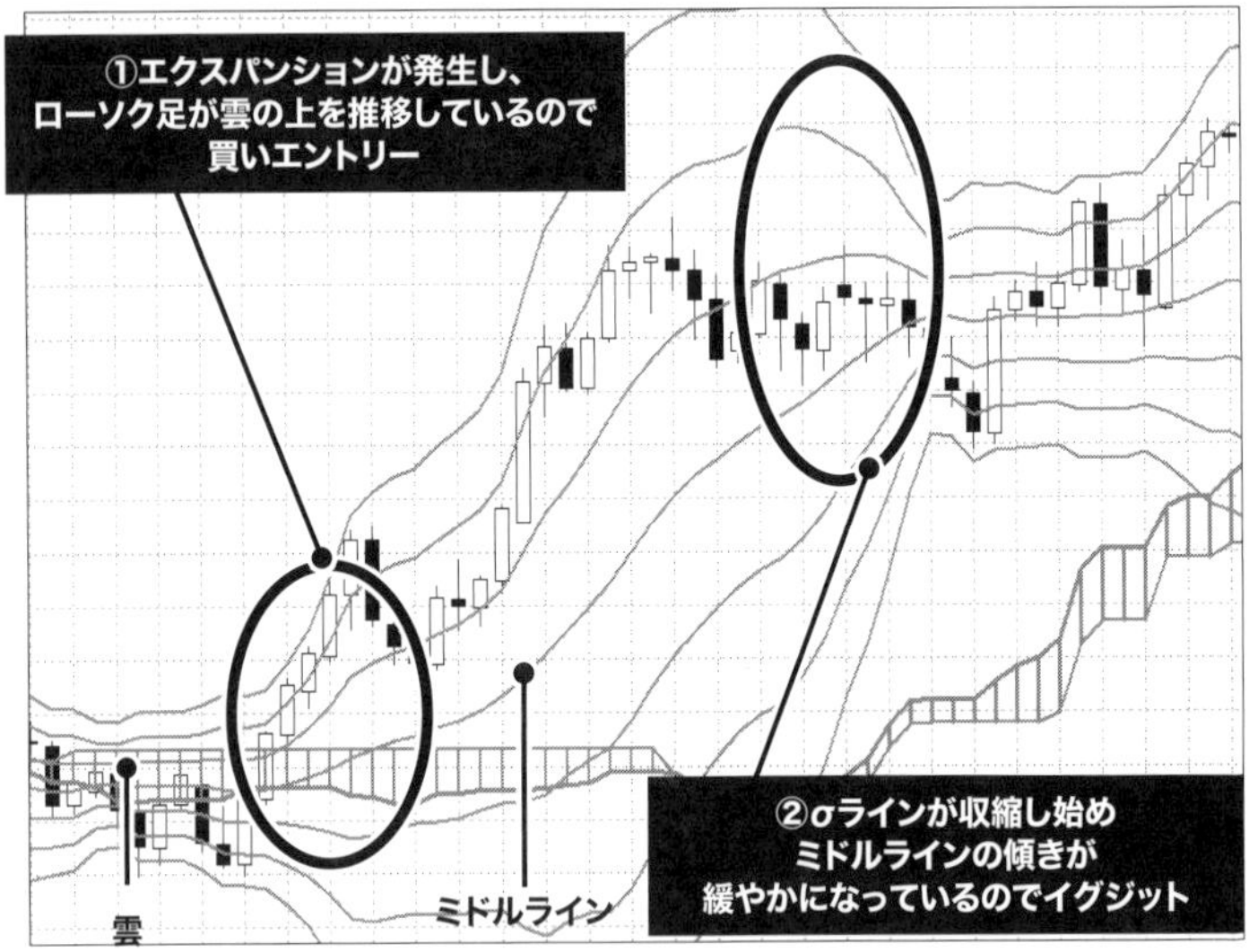
①エクスパンションが発生し、
ローソク足が雲の上を推移しているので
買いエントリー
②σラインが収縮し始め
ミドルラインの傾きが
緩やかになっているのでイグジット
ミドルライン
雲

エントリー後、σラインが収縮しはじめ、ミドルラインの傾きが緩やかになっているので、イグジットする。

ジットします。

ただし、押し目や戻りのときにローソク足がミドルラインを突き抜けることもあるので、ミドルラインを突き抜けた状態で反転することなく、ローソク足が確定したのを確認してからイグジットします。

イグジットのタイミング②

ローソク足がミドルラインを突き抜けたらイグジット

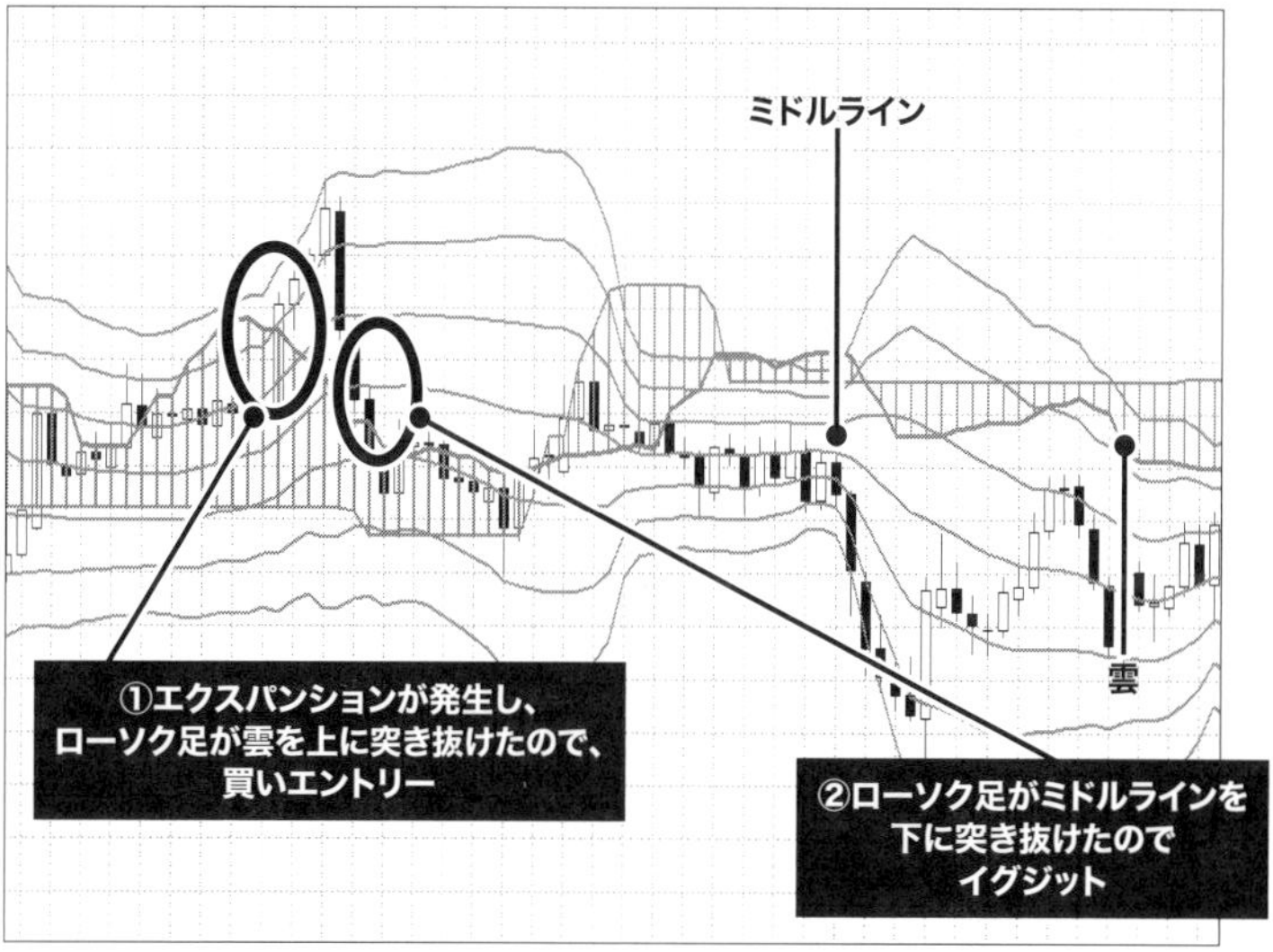

エントリー後、ローソク足がミドルラインを下に抜けたのでイグジットする

ボリバンの独自の見方でトレード

01

サイキックスさんの手法

私のトレードのポイント

ボリバンだけを使ったトレード手法です。1時間足がメインで、4時間足や15分足もチェックします。トレード時は「レシーブ」という私独自の見方で売買タイミングを判定しています。

サイキックスさん

表示するのはボリバンだけ

サイキックスさんのトレード手法は、ボリバンを使った順張りトレードです。
ボリバンとローソク足の動きで売買タイミングを見極めます。
使用するテクニカル指標の設定は次のようになります。

ボリバン

参照期間「26」
σライン「±1σ」「±2σ」「±3σ」

ローソク足

「1時間足」「4時間足」「日足」「月足」

使用している通貨ペアはドルストレートのみで、米ドル／日本円や米ドル／スフラン、ユーロ／米ドル、英ポンド／米ドルなどです。
ボリバンの参照期間を26に設定しているのはさまざまな組み合わせで検証した

結果、参照期間26がもっとも反応率が良かったためです。

サイキックスさん

サイキックスさんのチャート画面

ボリバンを表示する

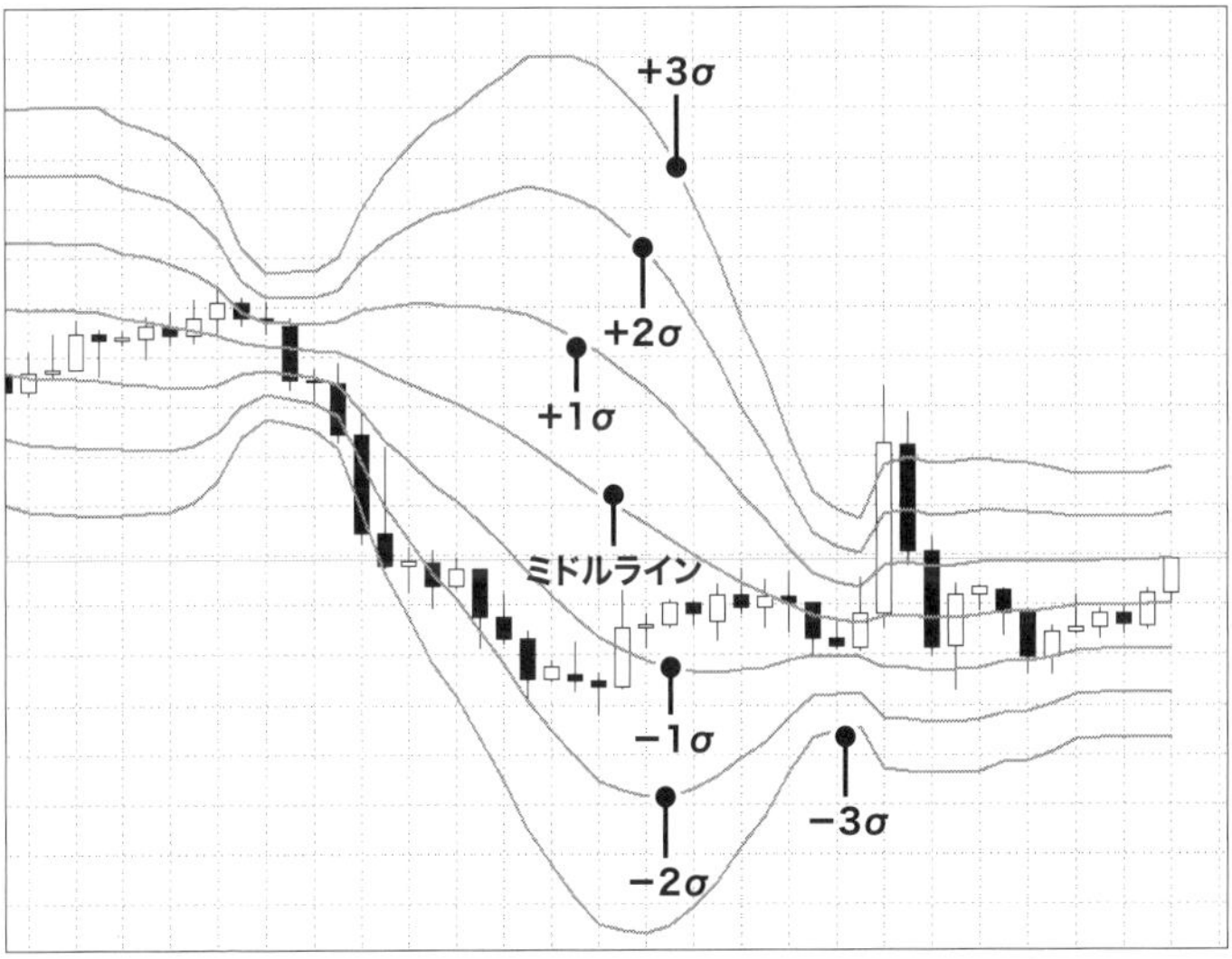

1時間足、4時間足、日足、月足に参照期間26のボリンジャーバンドを表示する。

02

レシーブでエントリー判断

私のエントリーのポイント

上昇トレンド中の押し目や下降トレンド中の戻りのときにレシーブという私が発見したオリジナルのチャートパターンが発生したら、エントリーをします。

サイキックスさん

レシーブ発生がエントリーのサイン

サイキックスさんのトレード手法を理解するためには、「レシーブ」というサイキックスさんオリジナルのボリンジャーバンド分析方法を知る必要があります。レシーブとは以下のような状況のことを指します。

①σラインが上向きかつ、陰線が上バンド（プラスσライン郡）に当たっている状態

②σラインが下向きかつ、陽線が下バンド（マイナスσライン郡）に当たっている状態

この形は、一時的な反発が起こりやすい形になります。ただし、どんな状況でもこの形になったら無条件でトレードするわけではありません。

レシーブはもみ合い相場と上昇トレンド中の押し目や下降トレンド中の戻りで発生しやすい傾向があります。狙うのは、押し目や戻りです。

たとえば、ローソク足が上昇している上昇トレンド中の押し目を作る場面で、②の形になったときは、買いエントリーを狙います。形としては、大きな流れに

対しては順張り、短期的な流れに対しては逆張りになります。
ローソク足が下落している下降トレンドのときは、一時的な下降で戻りを作ったタイミングで①の形になったときに、売りエントリーをします。こちらも短期的には逆張りですが、大きな流れに対しては順張りのエントリーになります。

売りサイン
下降トレンド中に、戻りを作る形になったときにレシーブが発生

買いサイン
上昇トレンド中に、押し目を作る形になったときにレシーブが発生

サイキックスさん

エクスパンションでエントリー

買いエントリーの場合

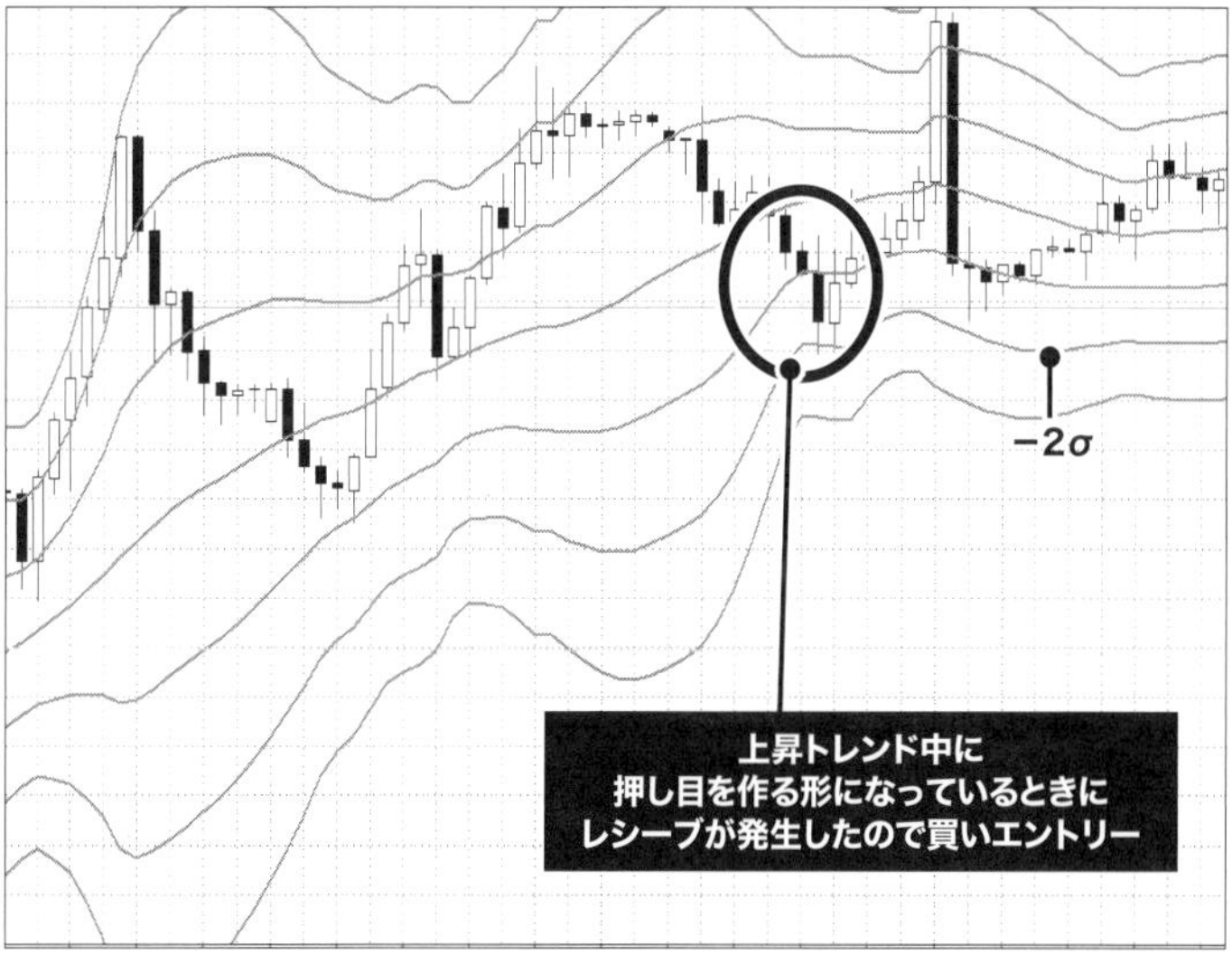
−2σ
上昇トレンド中に
押し目を作る形になっているときに
レシーブが発生したので買いエントリー

上昇トレンド中の、一時的な下落のタイミングで、σラインが下向きの状態のときに、陽線がマイナス2σに当たっているので買いエントリー

レシーブが
エントリーの合図

03

イグジットのタイミングは σラインとローソク足で判断

私のイグジットのポイント

イグジットはローソク足とσラインの位置関係で判断します。エントリーしたときのバンドをブレイクしたら損切り、反対方向のバンドまで推移したら利食いをします。

サイキックスさん

イグジットはローソク足とσラインで判断

レシーブは短期的な反発を狙うエントリー方法なので、イグジットまでの時間も比較的短いです。

イグジットのタイミングは±2σタッチです。買いエントリーの場合はプラス2σタッチ、売りエントリーのときはマイナス2σタッチでイグジットします。レシーブが発生すると反発しやすいので、比較的短期間でイグジットになるケースが多い傾向があります。

損切りはエントリー時のσラインブレイクで行う

損切りはエントリーに利用したσラインをブレイクしたときに行います。

たとえば、マイナス2σでレシーブが発生し、買いエントリーした場合は、マイナス2σをローソク足がブレイクしたらイグジットします。プラス2σでレシーブが発生し、売りエントリーした場合は、マイナス2σをブレイクしたらイグジットします。

σラインをブレイクした場合はそのままその方向に動くことも多いので、迷わずに損切りすることがポイントです。

サイキックスさん

±2σのタッチでイグジット

買いエントリーの場合

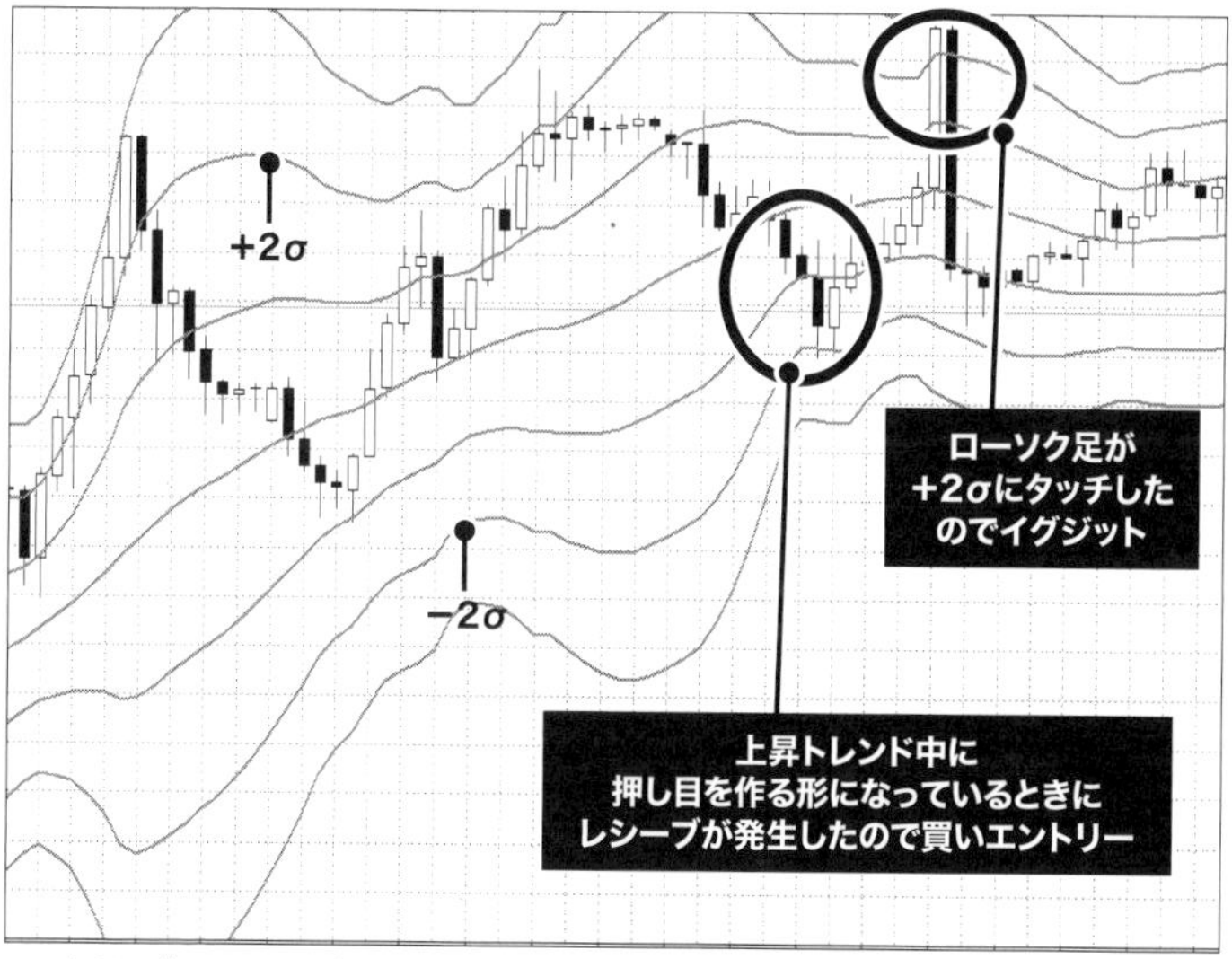
+2σ
−2σ
ローソク足が
+2σにタッチした
のでイグジット
上昇トレンド中に
押し目を作る形になっているときに
レシーブが発生したので買いエントリー

エントリー後、±2 σにタッチしたイグジットする

±2σタッチで
イグジット

ボリバンと移動平均線、雲を使ったトレード手法

01

ケッティーさんの手法

私のトレードのポイント

各時間足の環境認識からトレンドかレンジかを仕分けして、総合的に判断し、長期足のエントリー根拠に基づき、10分足や5分足などの短期足で最終的にエントリータイミングをはかります。

ケッティーさん

▼ボリバンと移動平均線を使う

ケッティーさんの投資手法は、ボリバンや移動平均線、雲、水平線を使い、相場の状況を把握します。その後1分足や5分足、15分足などでチャートパターンを用いて最終的な売買判断を行います。

使用するテクニカル指標の設定は次のようになります。

ボリバン
参照期間「20」
σライン「±1σ」「±2σ」

移動平均線
参照期間「14」

一目均衡表
線「9」
基準線「26」

先行スパンＢ「52」
※雲のみ表示する

ローソク足

「1分足」「5分足」「15分足」「1時間足」「4時間足」「日足」「週足」「月足」

使用している通貨ペアはその年によって変わりますが、現在は米ドル／日本円やユーロ／米ドル、英ポンド／米ドルがメインです。

ローソク足はデイトレの場合は「1分足」「5分足」「15分足」「1時間足」「4時間足」「日足」で、スイングの場合は「週足」「月足」を追加します。チャートの見方自体はスイングの場合に見る時間足が増えるだけで、分析方法やエントリータイミングなどは変わりません。

ケッティーさん

ケッティーさんのチャート画面

ボリバンと移動平均線、雲を表示する

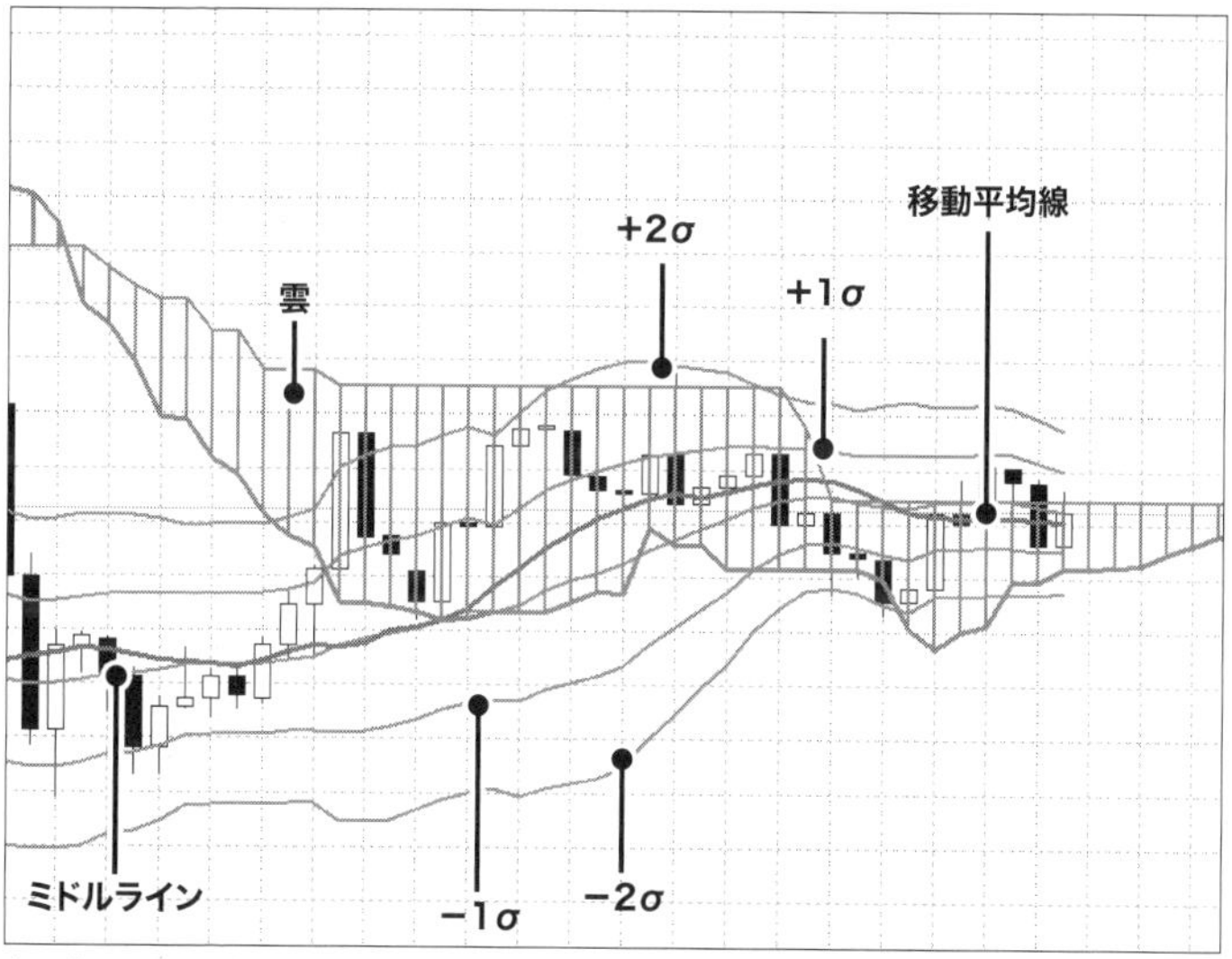

参照期間 20 のボリバンと参照期間 14 の移動平均線、標準的な設定の雲を表示する。

02

トレンドかレンジかを明確に判断する

私の相場分析のポイント

すべての時間足でトレンド状況なのかレンジ状態なのかを判断します。このときなんとなく上昇トレンドっぽいなどという曖昧なものではなく、チャートから明確に今のトレンド状況を判断することが重要です。

ケッティーさん

すべての時間足の相場状態を確認する

トレード前の準備として、水平線を引いていきます。水平線は高値・安値に引けばOKです。1時間足なら過去4日、4時間足なら1週間、日足なら3か月程度を目安にして水平線を引きます。

水平線を引いたらすべての時間足でs相場状況の仕分けを行います。このとき大事なのは、なんとなくで判断するのではなく、明確にトレンドを判断することです。

仕分けるポイントはトレンドかレンジ相場かで仕分けます。

トレンドかどうかの判断はミドルラインでの反発、移動平均線での反発などで確認します。また、上昇トレンドの場合は雲やミドルラインがローソク足より下に推移していること、高値安値が切り上がっていることなどが判断基準になります。下降トレンドの場合は逆に雲やミドルラインがローソク足の上で推移し、高値・安値が切り下がっていることなどが判断基準になります。また、トレンドが明確に判断できた上昇や下落を1波として、押し目や戻りごとに2波、3波と数

水平線を引く

各時間足で水平線を引く

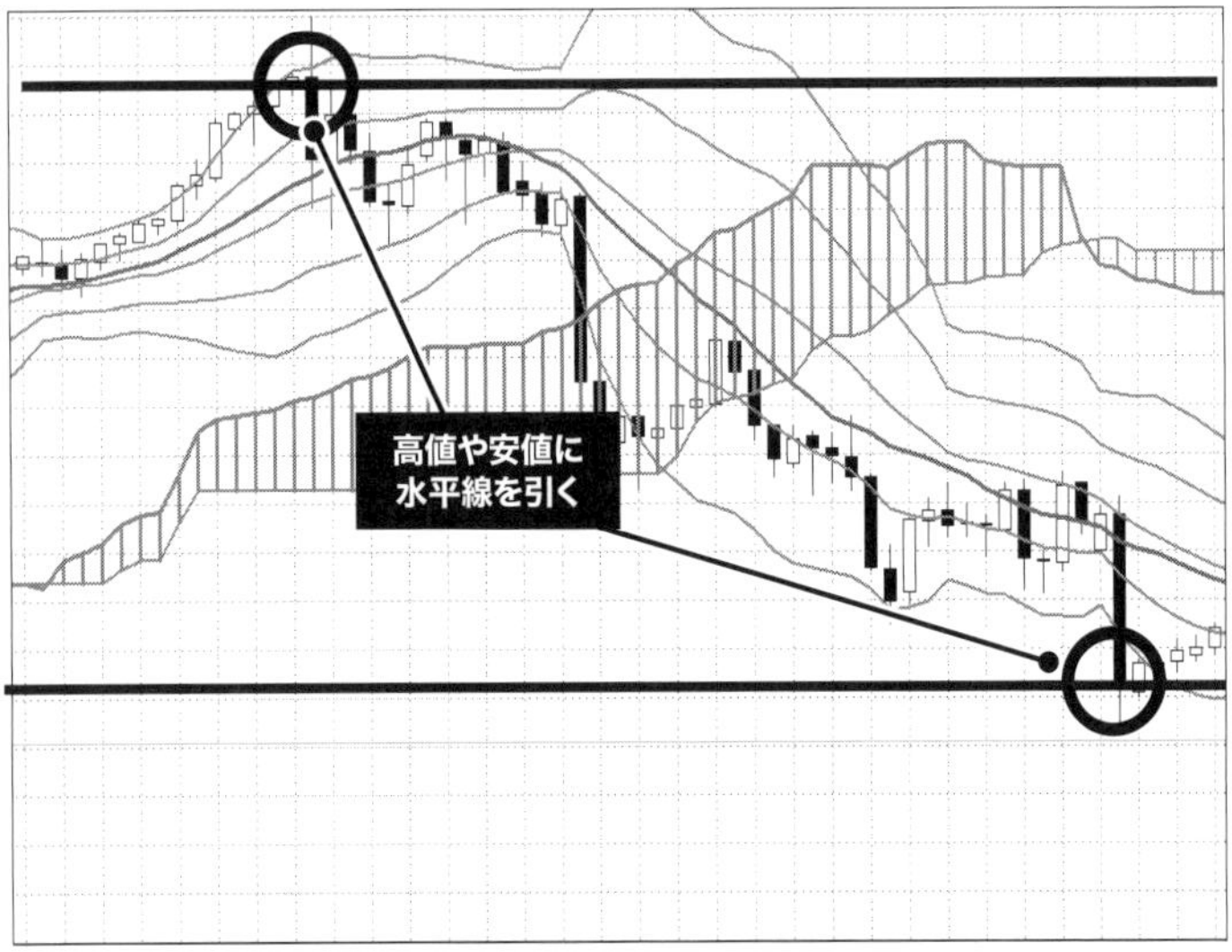

高値や安値に水平線を引く

え、今何波目かも確認していきます。

また、トレンドが終了しているかどうかの判断も重要です。上昇トレンド中はローソク足の実体がミドルラインを下に抜けた状態で確定したら、トレンド終了。下降トレンドの場合はローソク足がミドルラインを上に抜けた状態で確定したらトレンド終了と判断します。

相場状況を確認する

トレンドの状態を確認する

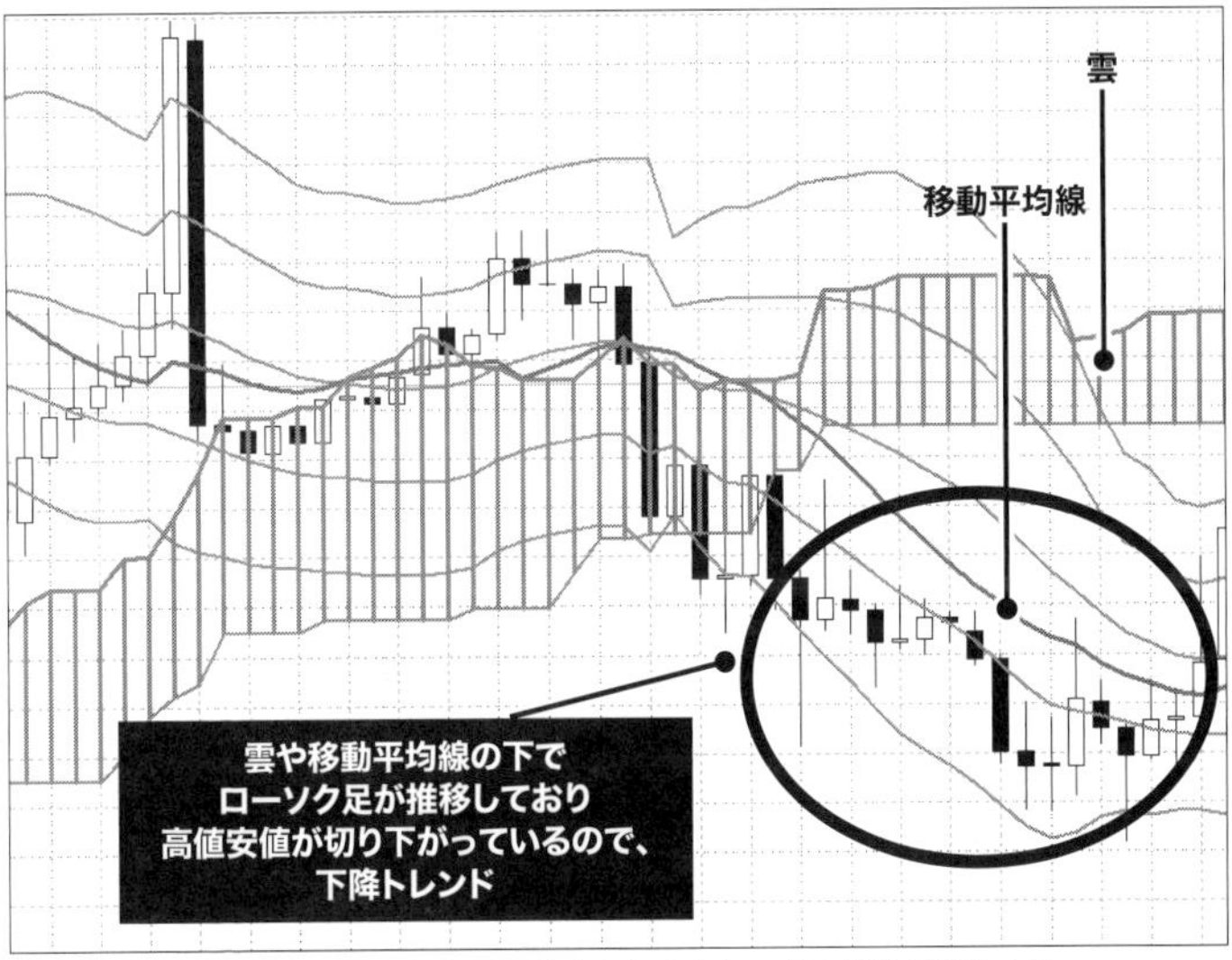
雲
移動平均線
雲や移動平均線の下で
ローソク足が推移しており
高値安値が切り下がっているので、
下降トレンド
移動平均線や雲の位置、ローソク足の動き方からトレンドの状態を確認する

逆に言えば、ミドルラインを割らない限りはトレンド継続と判断します。トレンド終了をあいまいに判断するトレーダーも多いのですが、これは必ず行ってください。

トレンド終了と判断したチャートはレンジ相場となります。ミドルラインやσラインが横ばいになっていてもレンジ相場と判断することもありま

トレンド終了のサイン

ミドルラインを突き抜けたらトレンド終了

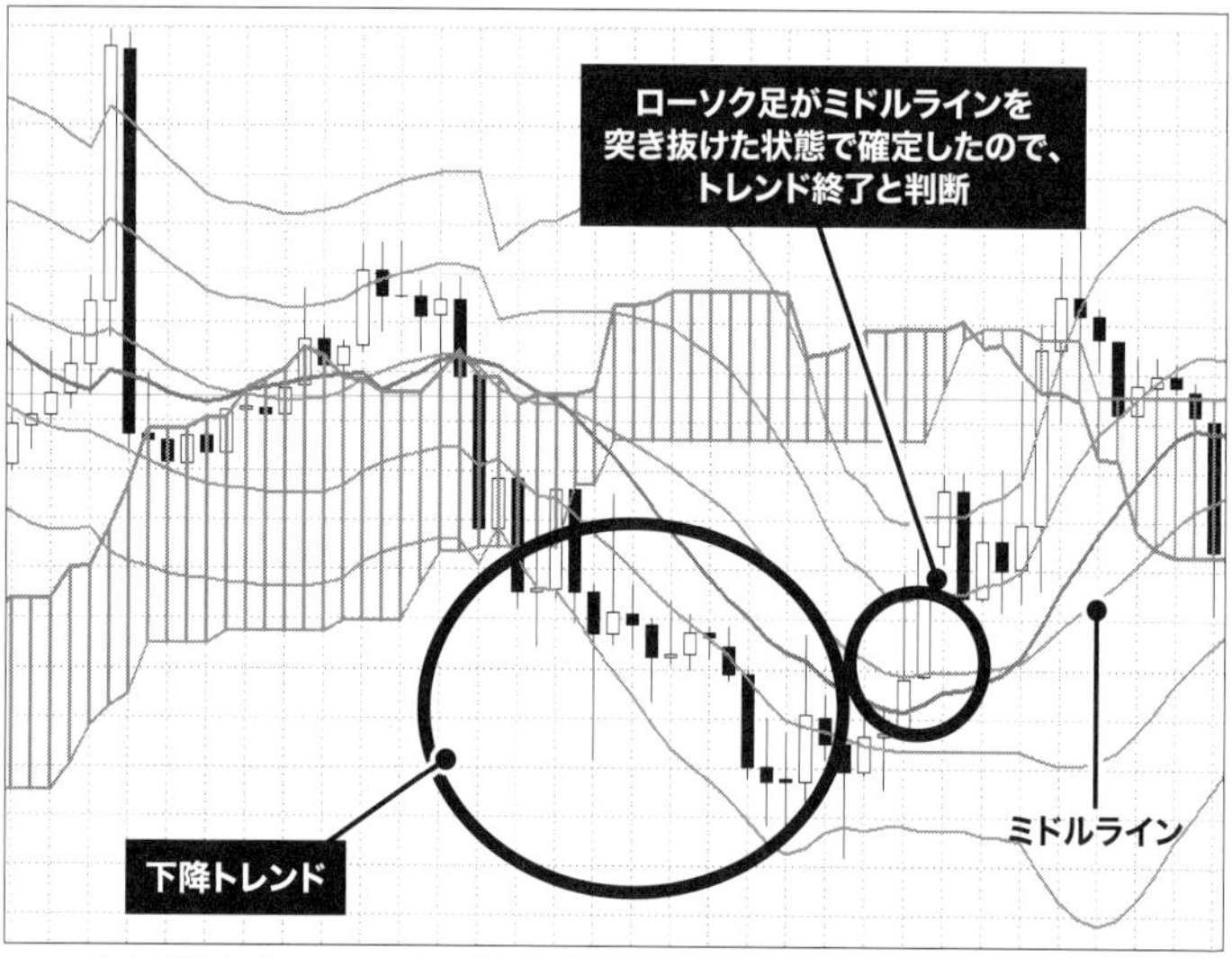

ローソク足がミドルラインを
突き抜けた状態で確定したので、
トレンド終了と判断
下降トレンド
ミドルライン

ローソク足がミドルラインを突き抜けた状態で確定したらトレンド終了と判断する

す。ただし、スクイーズはその後もトレンドが続くことも珍しくないので、スクイーズが発生したからといってトレンド終了とは考えません。

レンジ相場は中段保ち合いとトレンドレスに分けます。

トレンドレスか中段保ち合いかはひとつ上の時間足の状態によって決まります。たとえば、4時間足チャートでレンジ相

ケッティーさん

レンジ相場の判断

ひとつ上の時間足がトレンド中なら中段保ち合い

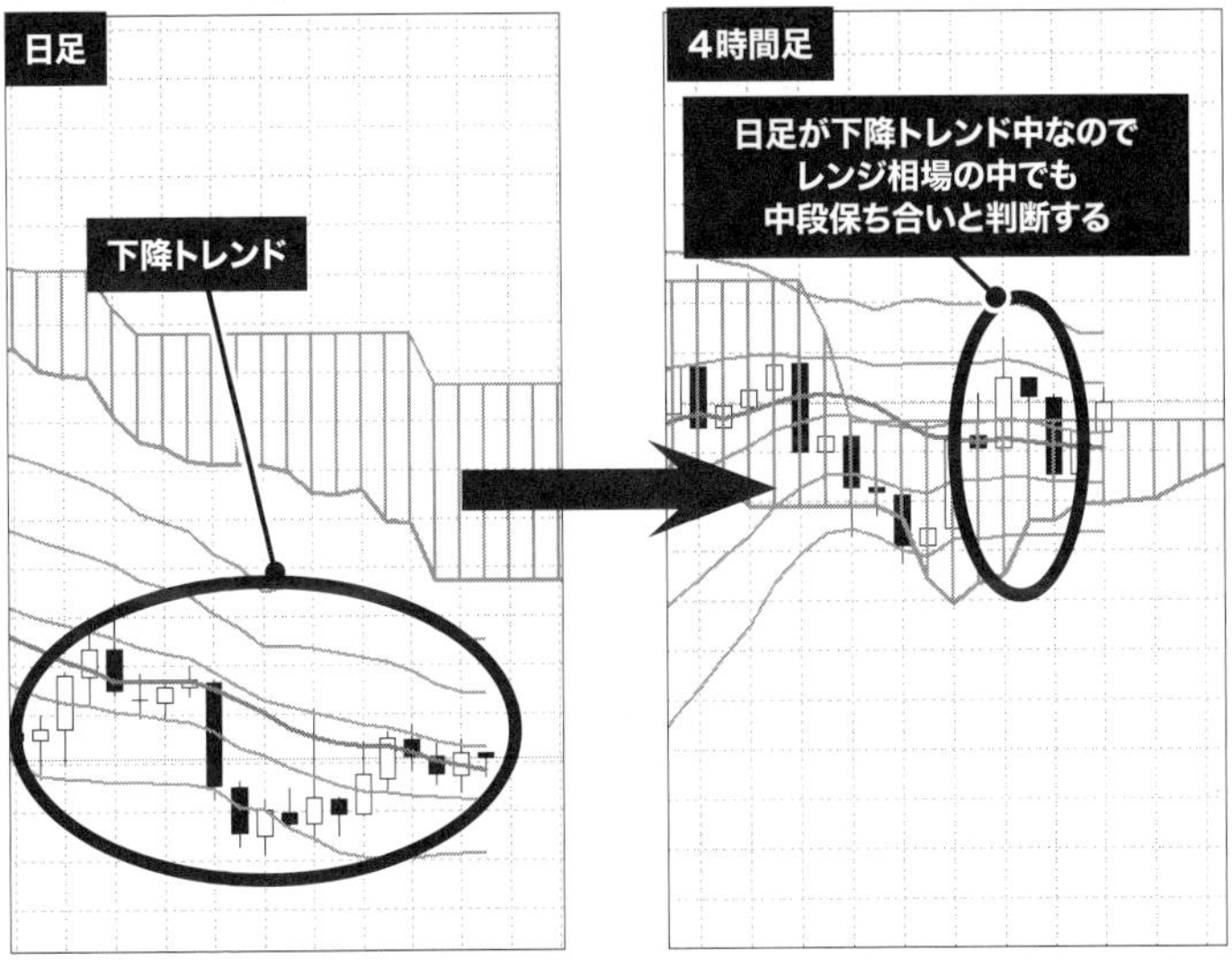

４時間足がレンジ相場中、日足では下降トレンドなので、４時間足は中段保ち合いと判断する。日足がレンジ相場の場合は、４時間足はトレンドレスになる。

場だった場合、ひとつ上のチャートである日足にトレンドが発生していれば4時間足チャートは中段保ち合い、トレンドが発生していなければトレンドレスと判断します。

03

最終的なエントリーは短期足で行う

私のエントリーのポイント

日足や4時間足、1時間足でトレード戦略を考え、短期足で最終的なエントリー判断をします。

総合的な判断のもとエントリーを行う

トレンド状況を判断したら、トレンド戦略を立てていきます。ケッティーさんは順張りと逆張りの両方を狙います。

順張りから説明をしていきます。190ページチャートを見てください。日足が下降トレンドの4波目を形成中、4時間足が下降トレンドの1波目を形成中、1時間足が2波目を形成中といった状況です。この状況は、日足、4時間足、1時間足が下降トレンドなので、順張りで売りエントリーを狙いたい場面です。1時間足のローソク足が移動平均線で反発したタイミングで売りエントリーを狙います。同時刻の5分足を見ると、レンジ相場（中段保ち合い）でボックス内で推移しているので、ボックス上限での反発を狙って売りエントリーをします。

このように、すべての時間足の情報をまとめてエントリーをしていきます。最終判断をする1分足や5分足、15分足では、ボックス上限や下限の反発以外にも、ダブルトップやダブルボトムなどのチャートパターンを狙ってエントリーします。

時間足の状況

日足は下降トレンドの4波目

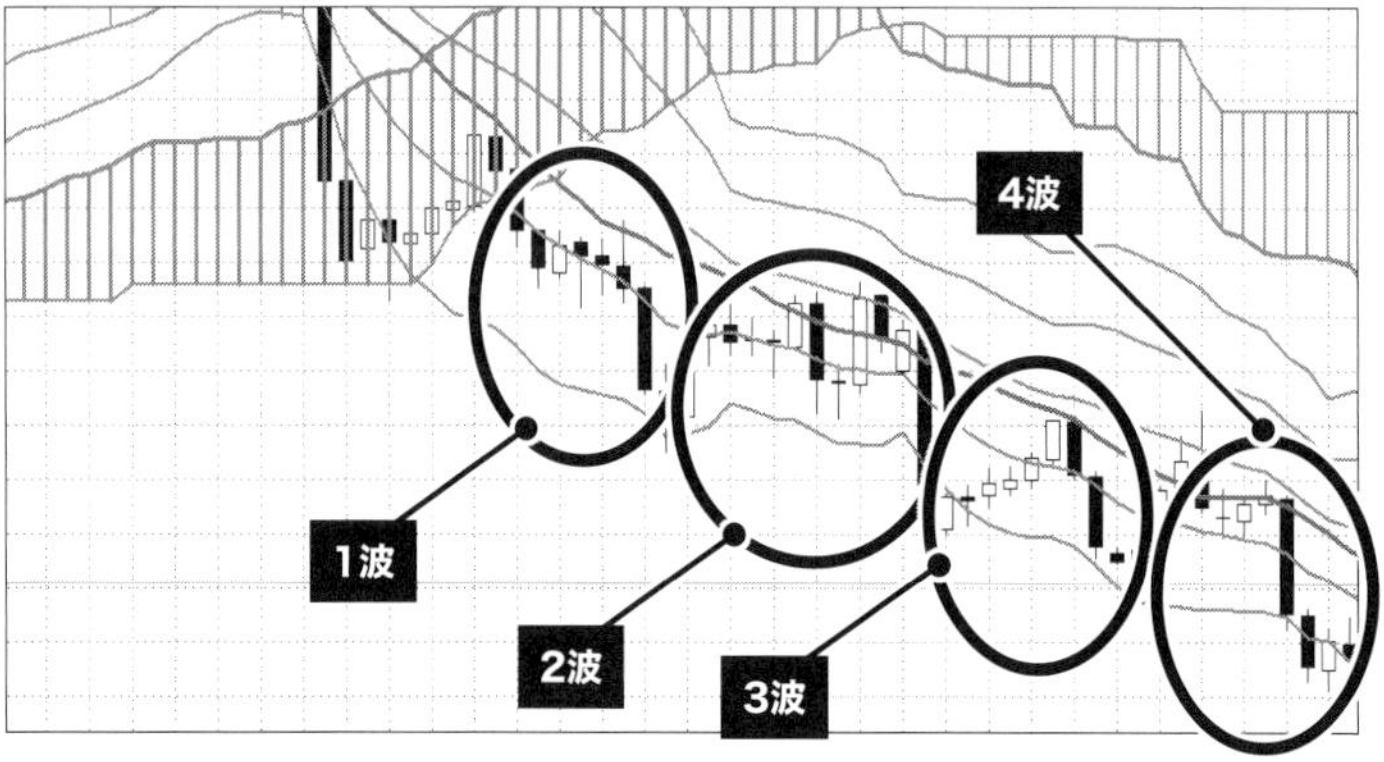

4時間足は下降トレンド1波目

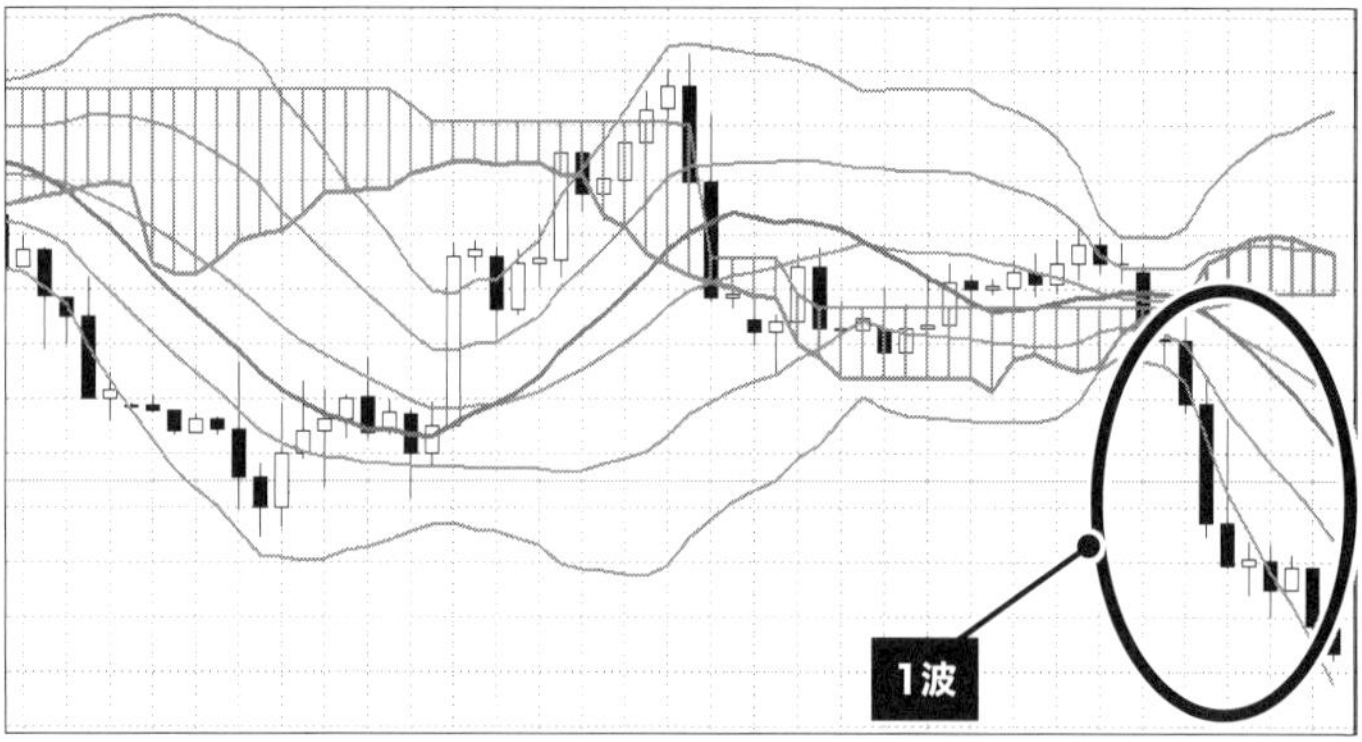

ケッティーさん

同時刻の4つの

1時間足は下降トレンド2波目中に移動平均線で反発

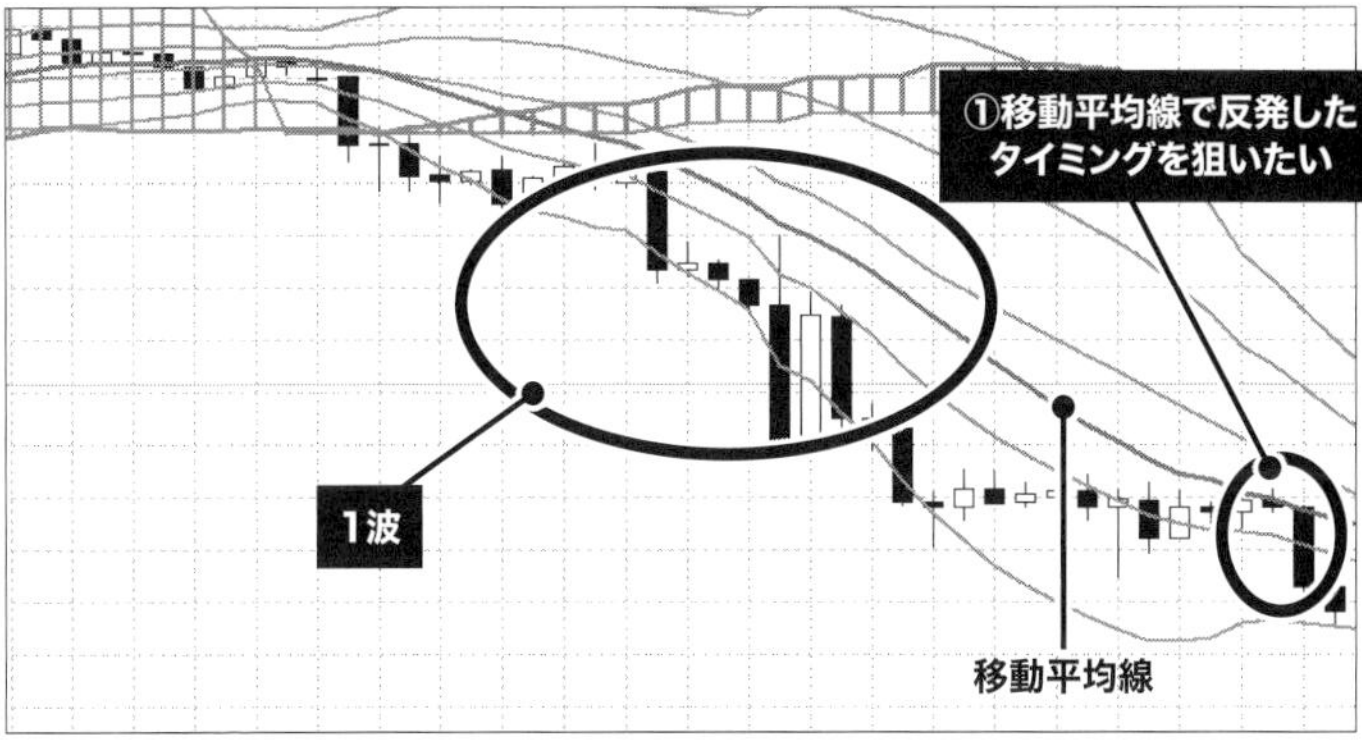
①移動平均線で反発したタイミングを狙いたい
1波
移動平均線

5分足のレンジ相場の上限で反発を狙って売りエントリー

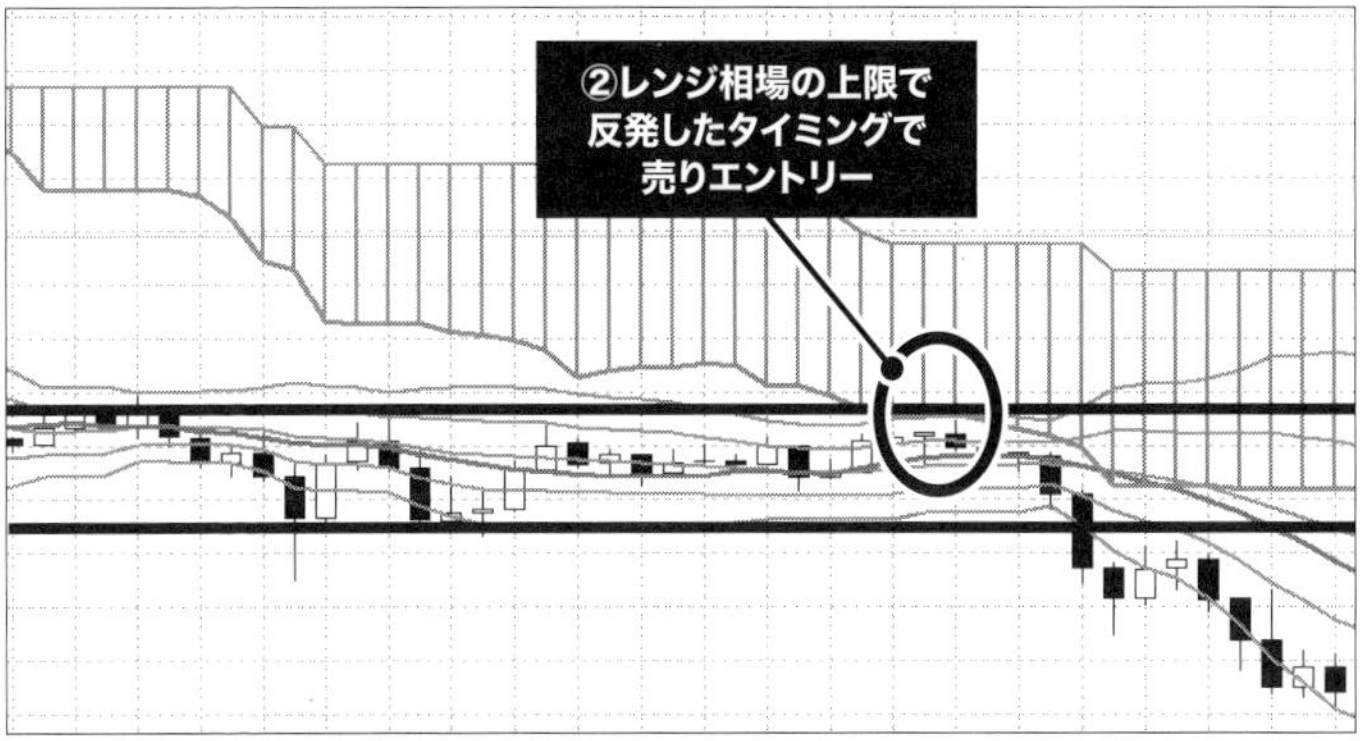
②レンジ相場の上限で反発したタイミングで売りエントリー

04

短期足のトレンド転換を狙って逆張りエントリー

私のエントリーのポイント

逆張りも基本的な考え方は変わらず、日足や4時間足、1時間足でトレード戦略を考え、短期足のトレンド転換を狙ってエントリーします。

逆張りも考え方は変わらない

逆張りも考え方としては順張りとほとんど同じです。194ページチャートを見てください。日足、4時間足、1時間足がトレンドレスの状態です。細かく見ると、日足はトレンドレスですが、ローソク足がミドルライン付近で推移しており、下落する余地があります。1時間足と4時間足はちょうど水平線の2点目になり、反発する可能性が高いといえます。このタイミングで5分足がダブルトップを形成しているので、トレンド転換狙いの逆張りで売りエントリーを行います。

逆張りといっても、大きな流れに対して逆張りを行うのではなく、短期足のトレンド転換でエントリーするといった意味合いが強いです。

また、この例の場合は、日足に下落する余地があるところがポイントです。仮に日足に下落する余地がない場合は、この後下落しない可能性も考えられるため、トレードには適していません。

このように、この後ローソク足がどのように動くのかを考えながらトレードするかどうかを判断します。

時間足の状況

日足はトレンドレス

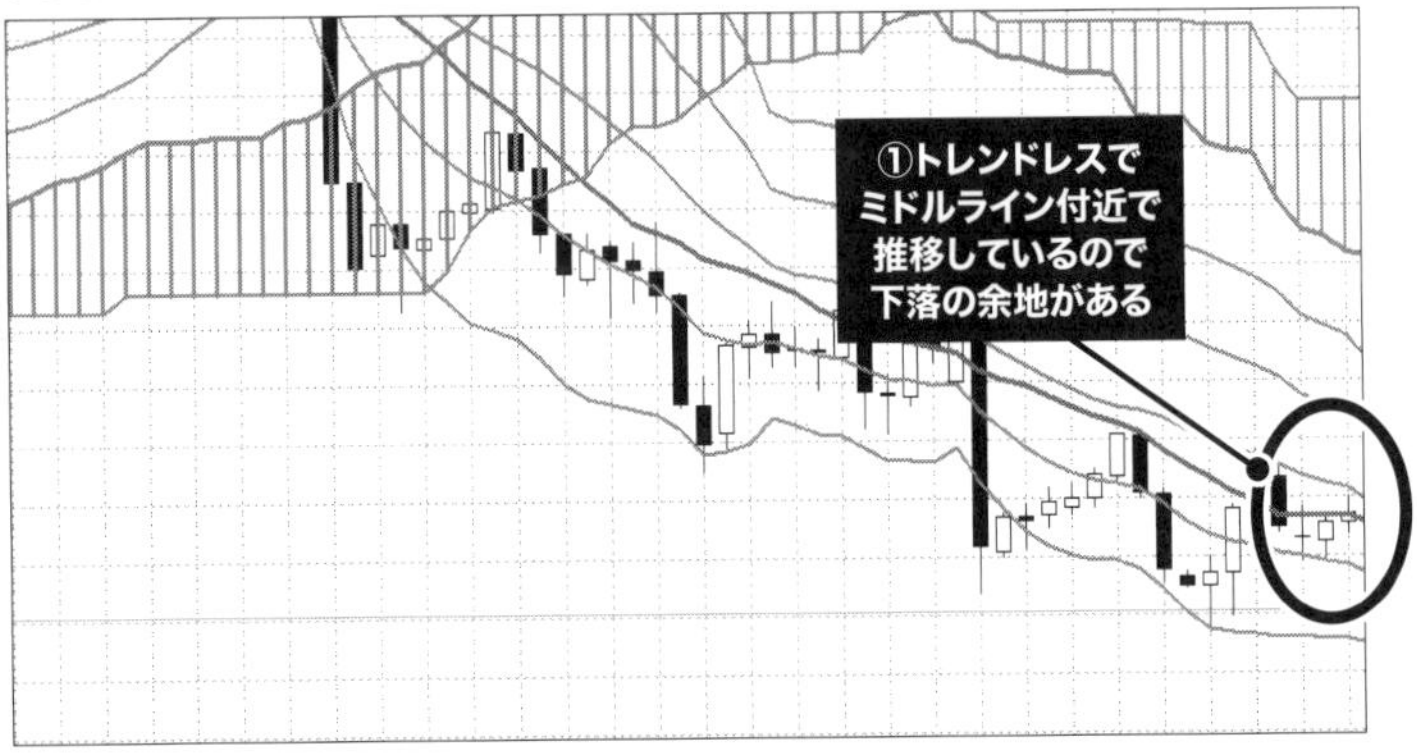
①トレンドレスで
ミドルライン付近で
推移しているので
下落の余地がある

4時間足はトレンドレス、水平線2点目逆張りチャンス

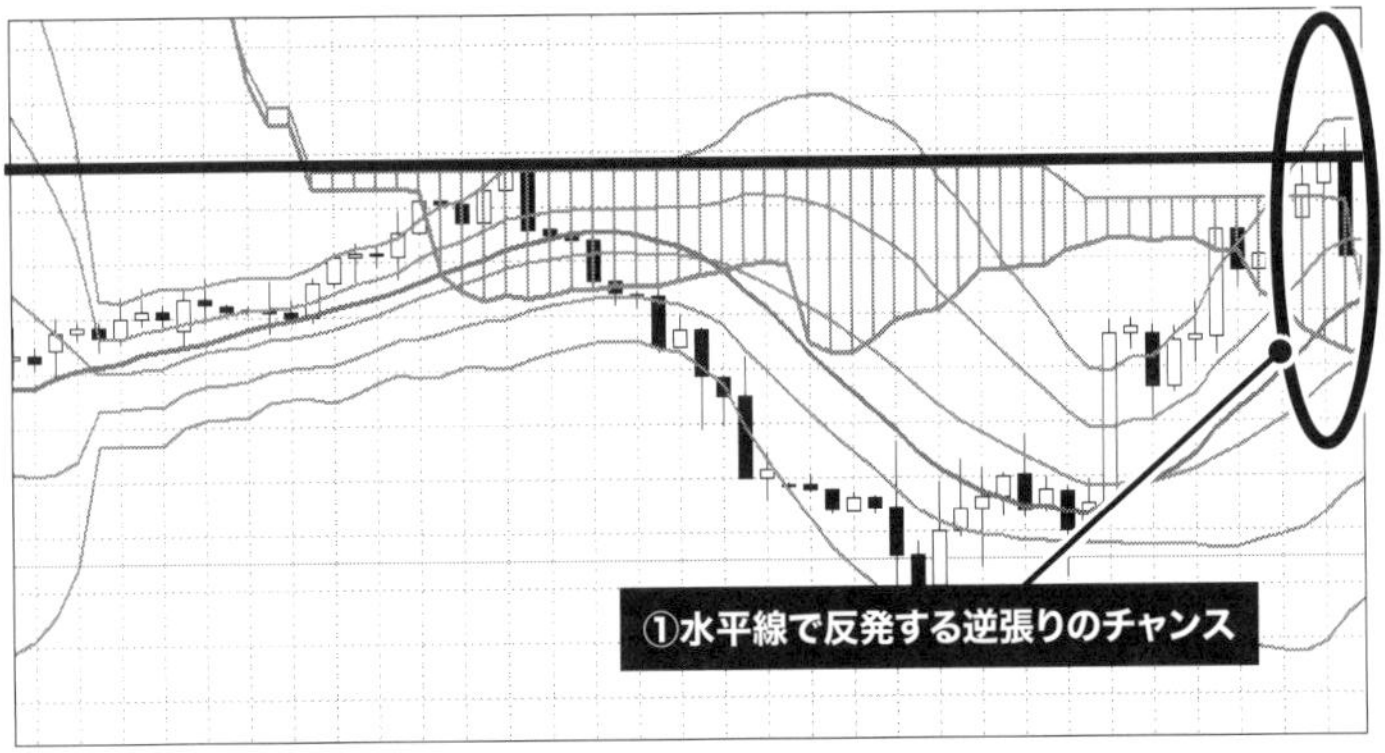
①水平線で反発する逆張りのチャンス

同時刻の4つの

1時間足はトレンドレス、水平線で2点目逆張りチャンス

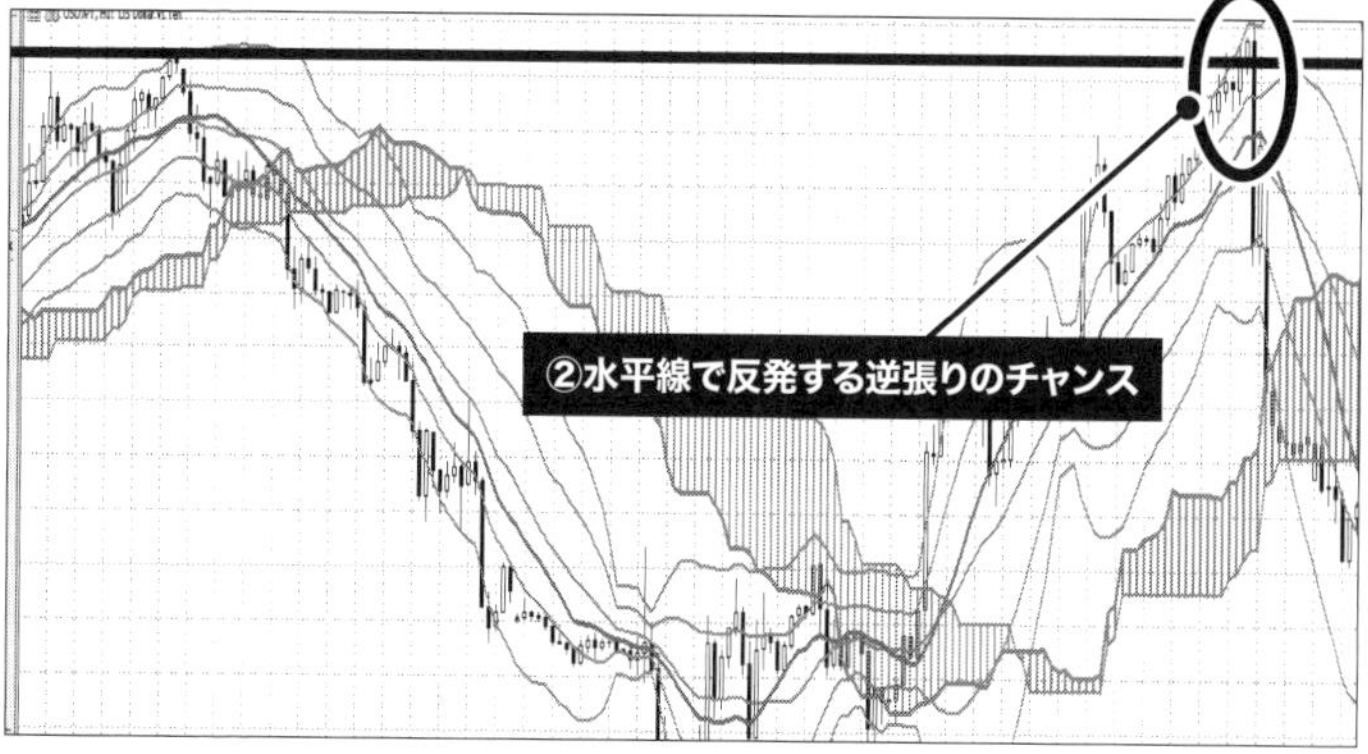

5分足のダブルトップでトレンド転換狙いの売りエントリー

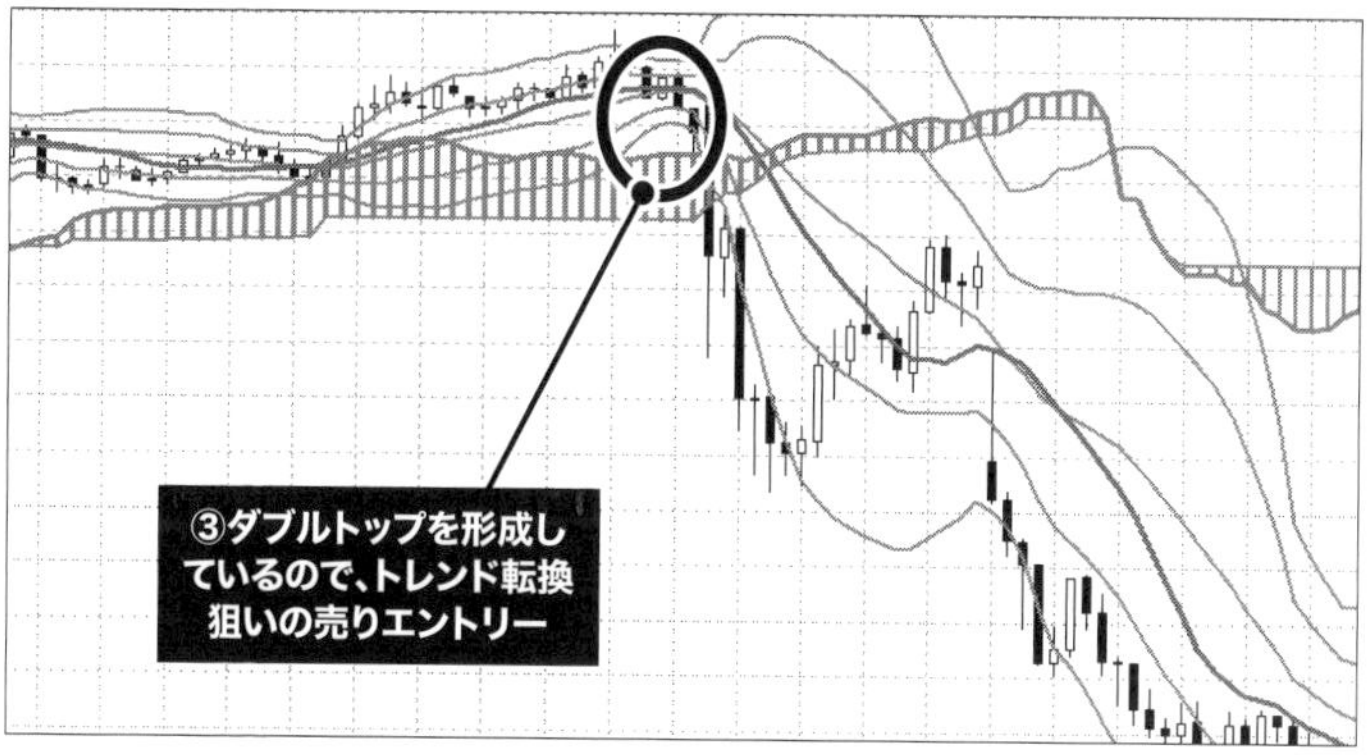

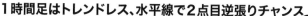

ローソク足が±2σをタッチしたらイグジット

05

±2σでイグジット

私の利食いのポイント

イグジットは±2σで行います。エントリー後±2σにタッチしたらすぐにイグジットしてトレード終了です。

ケッティーさん

イグジットのタイミング

−2σタッチでイグジット

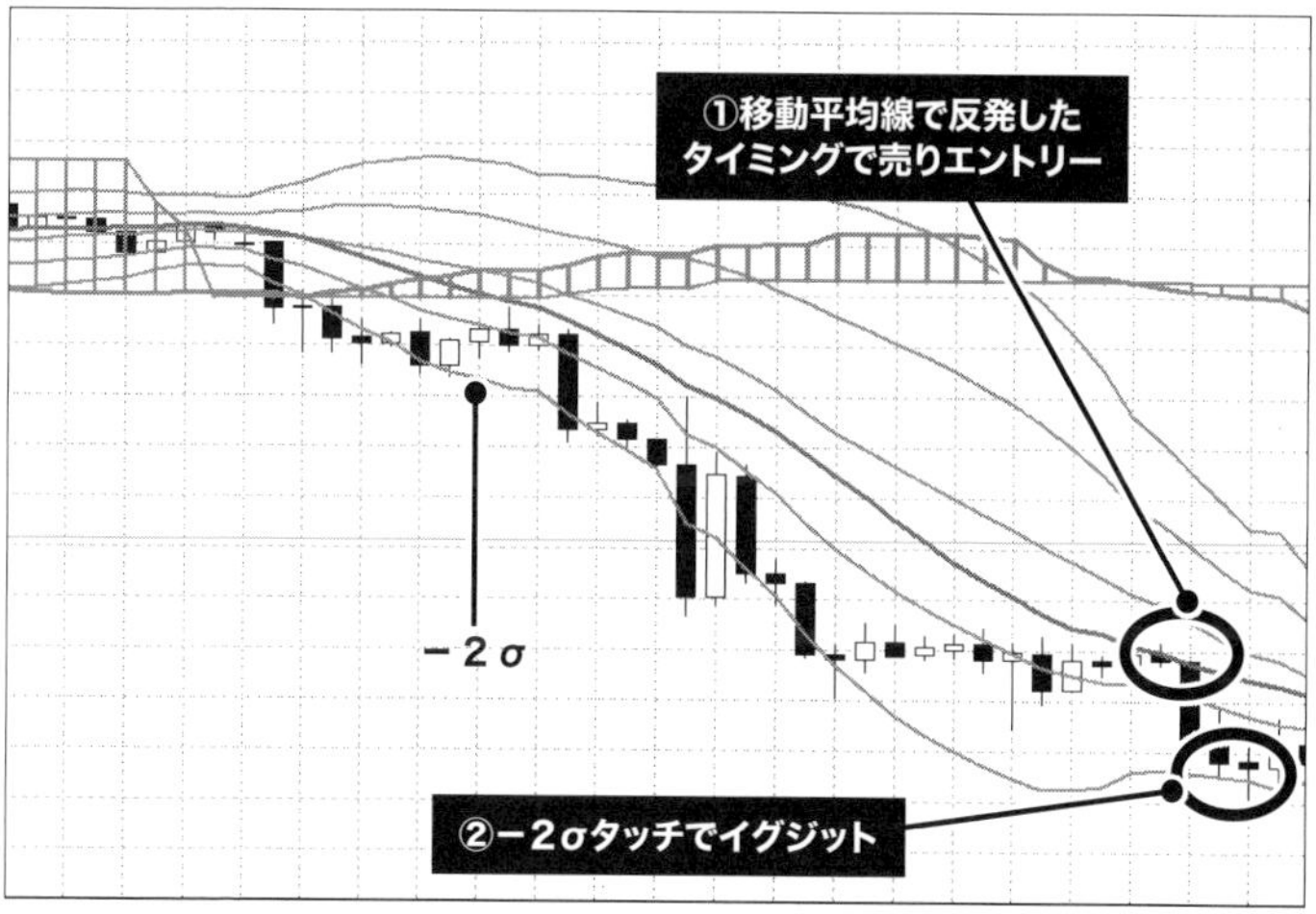
①移動平均線で反発したタイミングで売りエントリー
−2σ
②−2σタッチでイグジット

▼±2σタッチでイグジット

イグジットのタイミングは簡単で、±2σタッチです。

エントリー後、1時間足で±2σにタッチしたらイグジットします。191ページでエントリーした場合、上図のタイミングでマイナス2σにタッチしているのでイグジットします。

ケッティーさんの理論の詳細はkｌdemy（サブスク／月額定額制）にて解説しています。

第4章

シチュエーション別パターン分析

ボリンジャーバンドを使って稼ぐ人は手法をどのようにして使い、状況を判断しているのか。相場が大きく動いているときや相場の動きが鈍いときなど、14パターンのシチュエーションでどのようなトレードをしたのか解説していこう。

長期金利の変動幅維持によって円が売られた

01 金融緩和策の維持決定により円安・ドル高に

２０２３年１月18日の金融政策決定会合で、金融緩和策を維持することが決定しました。長期金利の変動幅についても２０２２年12月の会合で修正した±０・５%にとどまりました。市場では、利上げの期待感が高まっていたため、円売り圧力が強まり、円安・ドル高に動いていきました。しかし、その後米国の指標発表が市場予想よりも悪いことがわかると、今度はドル売りが相次ぎ、円高・ドル安へと一気に動きました。

この急激な変動はすぐに沈静化し、翌日以降は徐々に円安・ドル高へと向かい始めました。

2023年1月

米ドル/日本円の4時間足チャート

日本の金融緩和策の維持決定により円売りが加速

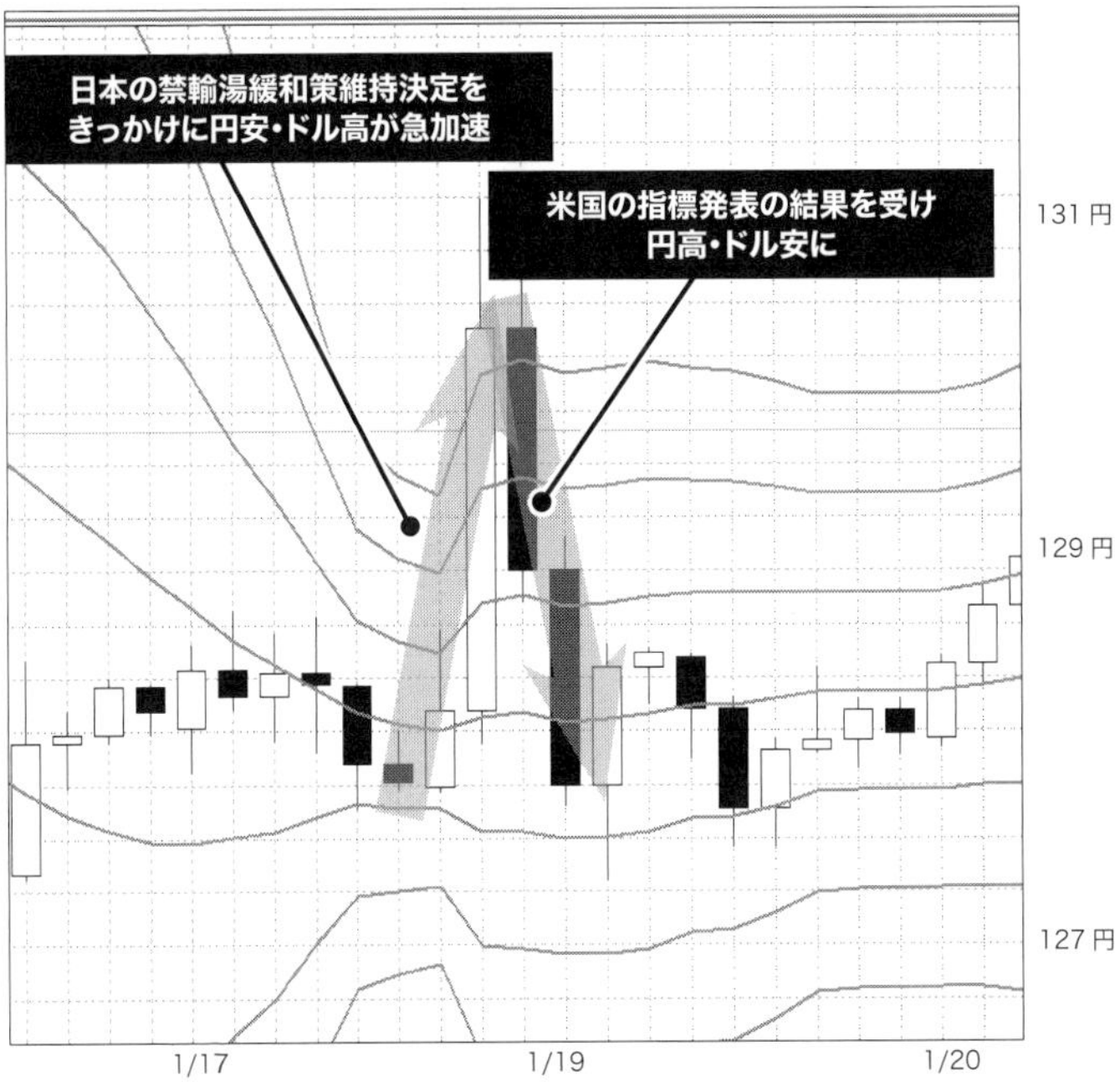
日本の禁輸湯緩和策維持決定を
きっかけに円安・ドル高が急加速
米国の指標発表の結果を受け
円高・ドル安に
131円
129円
127円
1/17
1/19
1/20

▶ 日本が2023年1月18日に金融緩和策の維持を決定

▶ 米国の指標発表の結果が悪化

エマさんの考え方

ミドルラインの動きで上昇トレンドと判断

1 エクスパンションが発生し、陽線が連続で出現したので、買いエントリー

2 エントリー直後に陰線が出現したのでイグジット

日本の金融緩和維持と米国の指標発表の影響で相場が一時的に大きく動いていたので、若干難しいと思いつつエントリーしましたが、陰線が出てしまったのですぐに撤退しました。相場状況の様子見をしたほうが良かったかもしれません。

まとめ

エントリー直後にローソク足が反転してしまい、失敗トレードになってしまった。

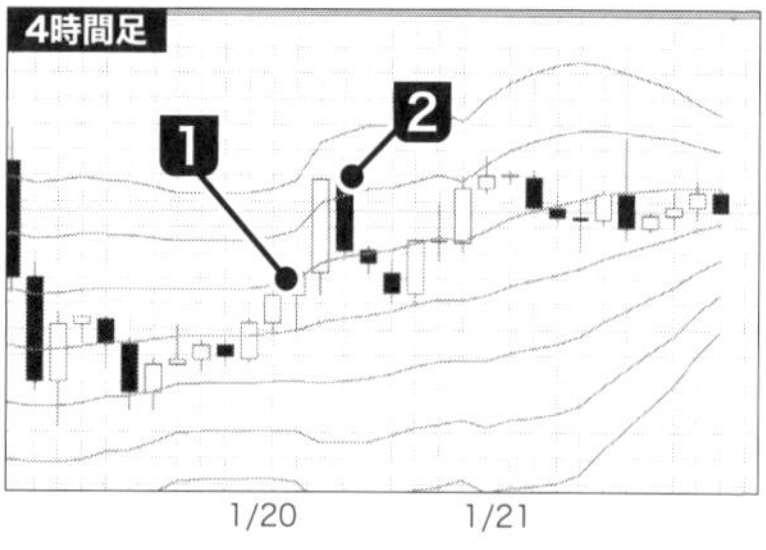

バンビさんの考え方

移動平均線が下向きなので下降トレードと判断

1 ミドルラインが上向きでローソク足も三角持ち合いのような動きをしているので様子見

ローソク足の形だけ見れば、金融緩和策の維持発表の動きで戻りのような形にはなっているのですが、ファンダ要素が強すぎるのでエントリーしていません。その後も形としては戻りになっているところもあるのですが、全体的な動きとして三角持ち合いになっているので、一度大きく動くまでは様子見です。

まとめ

相場が一度大きく動くまでは様子見。

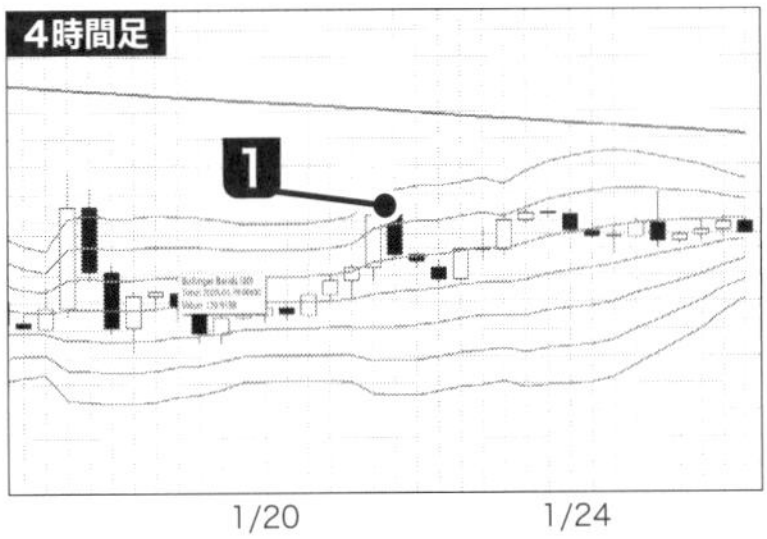

長期金利の変動幅拡大によって円が買われた

02

長期金利の変動幅拡大のサプライズで円高・ドル安に

2022年12月20日に日本銀行はそれまで「0.25%程度」としていた長期金利の変動幅を「0.5%程度」に許容するという実質的な引き上げを発表しました。これまで日本は低金利を貫き通してきたため、この決定はサプライズとなり為替相場にも大きな影響を与えました。発表後、長期金利は急上昇し、0.5%目前まで推移したもののいったん落ち着き、0.4%程度になりましたが、その後も長期国債の売り圧力により再び上昇し、1月13日には上限の0.5%を一時上回る事態となりました。これに為替相場も反応し、円高・ドル安へと大きく推移し、12月20日から1月13日の間で約10円の変動がありました。

2022年12月〜2023年1月

米ドル/日本円の日足チャート

サプライズによる実質的な利上げで円買いが加速

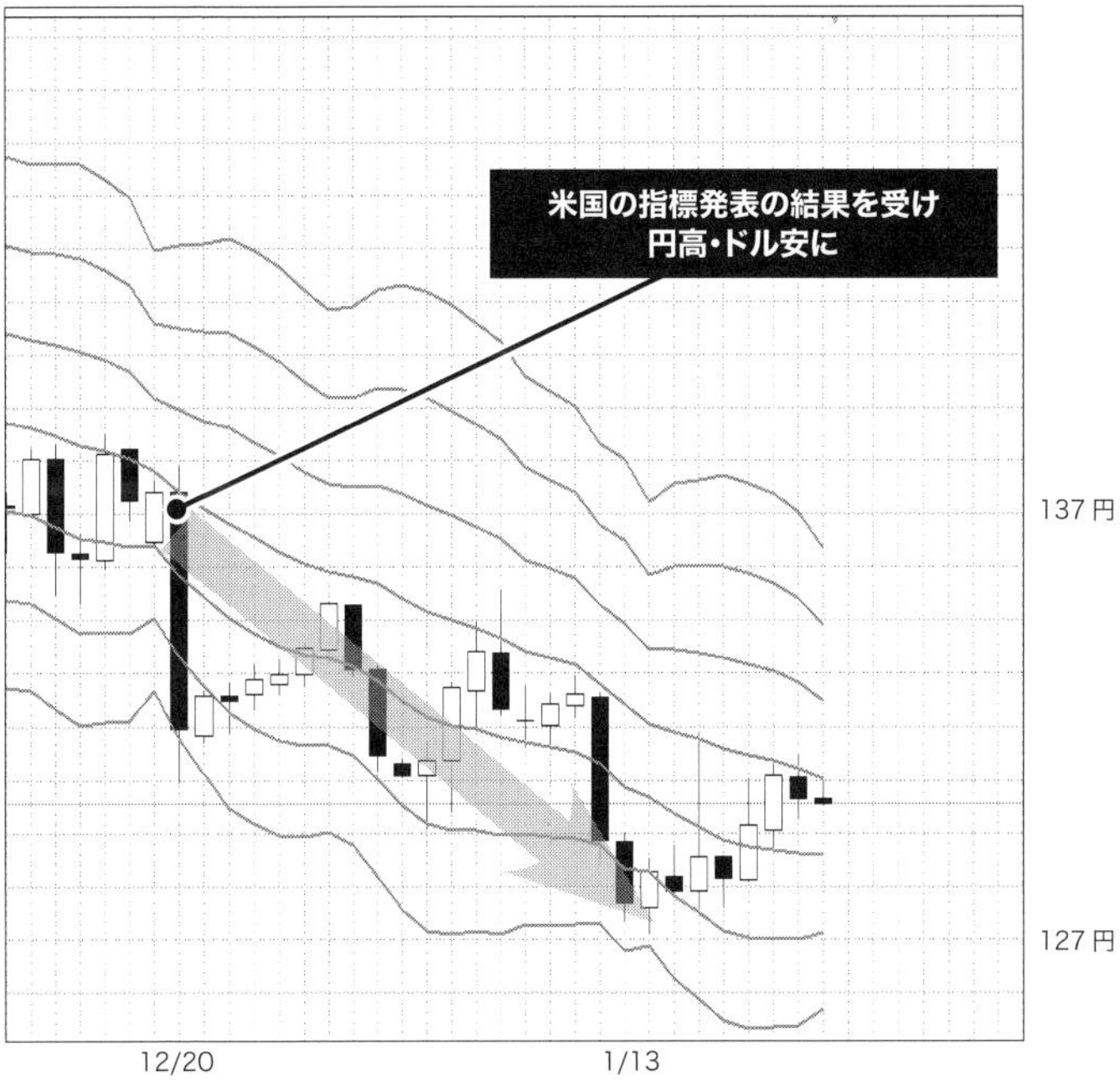
米国の指標発表の結果を受け
円高・ドル安に
137円
127円
12/20
1/13

- 日銀が2022年12月20日に長期金利の変動幅の引き上げを発表
- 2023年1月13日に長期金利が一時0.5%を超える

サイキックスさんの考え方

長期的に上昇トレンド

1. レシーブが発生したので買いエントリー
2. プラス2σにタッチしたのでイグジット

全体的に上昇トレンドのなかで下向きのマイナス2σに陽線が当たっている状態だったので買いエントリーしました。その後順調に上昇し、プラス2σタッチでイグジットでトレード完了です。マイナス2σできれいに反発してプラス2σまで推移する理想的なトレードでした。

まとめ

エントリーからイグジットまで理想的なトレードができた。

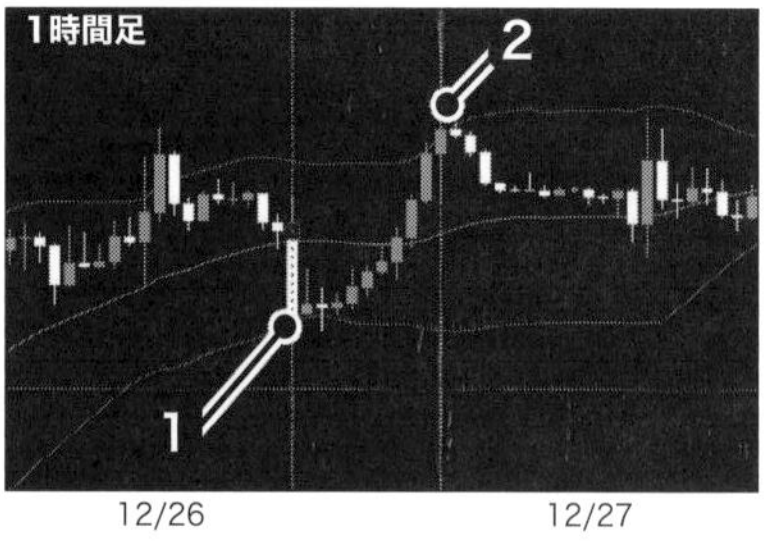

ケッティさんの考え方

日足、4時間足、1時間足で下降トレンドが発生中

1 1時間足で参照期間14の移動平均線でローソク足が反発し、15分足チャートでは、中段保ち合いボックスの上限のタイミングで売りエントリー

2 1時間足のマイナス2σタッチでイグジット

日足や4時間足で下降トレンドという状況のなか、1時間足で戻りの形で移動平均線で反発し、同時刻の15分足では、中段保ち合いボックスの上限だったので、売りエントリーしました。その後、1時間足のマイナス2σタッチでイグジットしました。

まとめ

15分足の持ち合いボックス上限ショートが機能した場面でした。

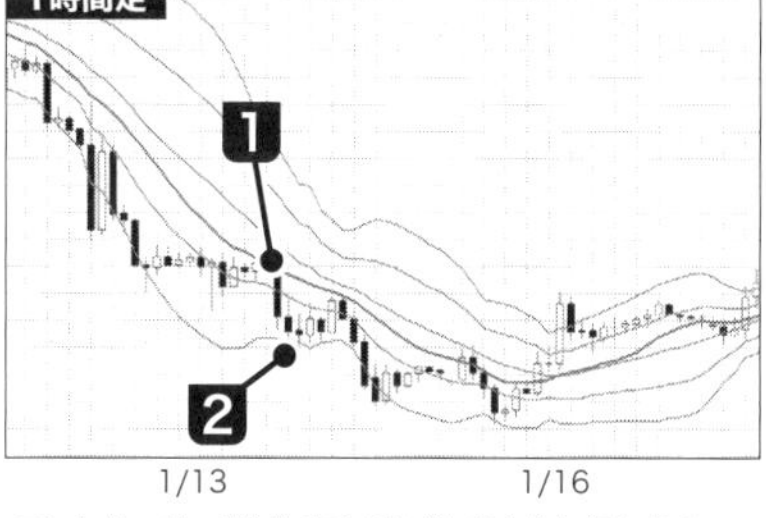

エントリーは、15分足でのサインをもとに行います。

米国の指標発表の結果が予想以上に悪くドル売りが加速

03

米国の消費者物価指数悪化で円高・ドル安に

２０２２年11月10日にドル円１４６円から１４０円６３銭まで大幅に円高・ドル安になりました。ここまで大きく動いたのは、米国の指標発表の結果が悪化したことにあります。米10月消費者物価指数（ＣＰＩ）の伸びが予想以上に鈍化したことに加え、新規失業保険申請件数が増加したことを要因とする利上げペースの減速観測が強まり、長期金利の大幅低下にともなったドル売りが加速しました。さらに、ＦＲＢの一部高官も利上げ減速を示唆したこともさらにドル安を加速させました。その後も円高・ドル安は２０２３年1月中旬まで続きました。

2022年11月〜2023年1月

米ドル/日本円の日足チャート

米国の消費者物価指数悪化でドル売りへ

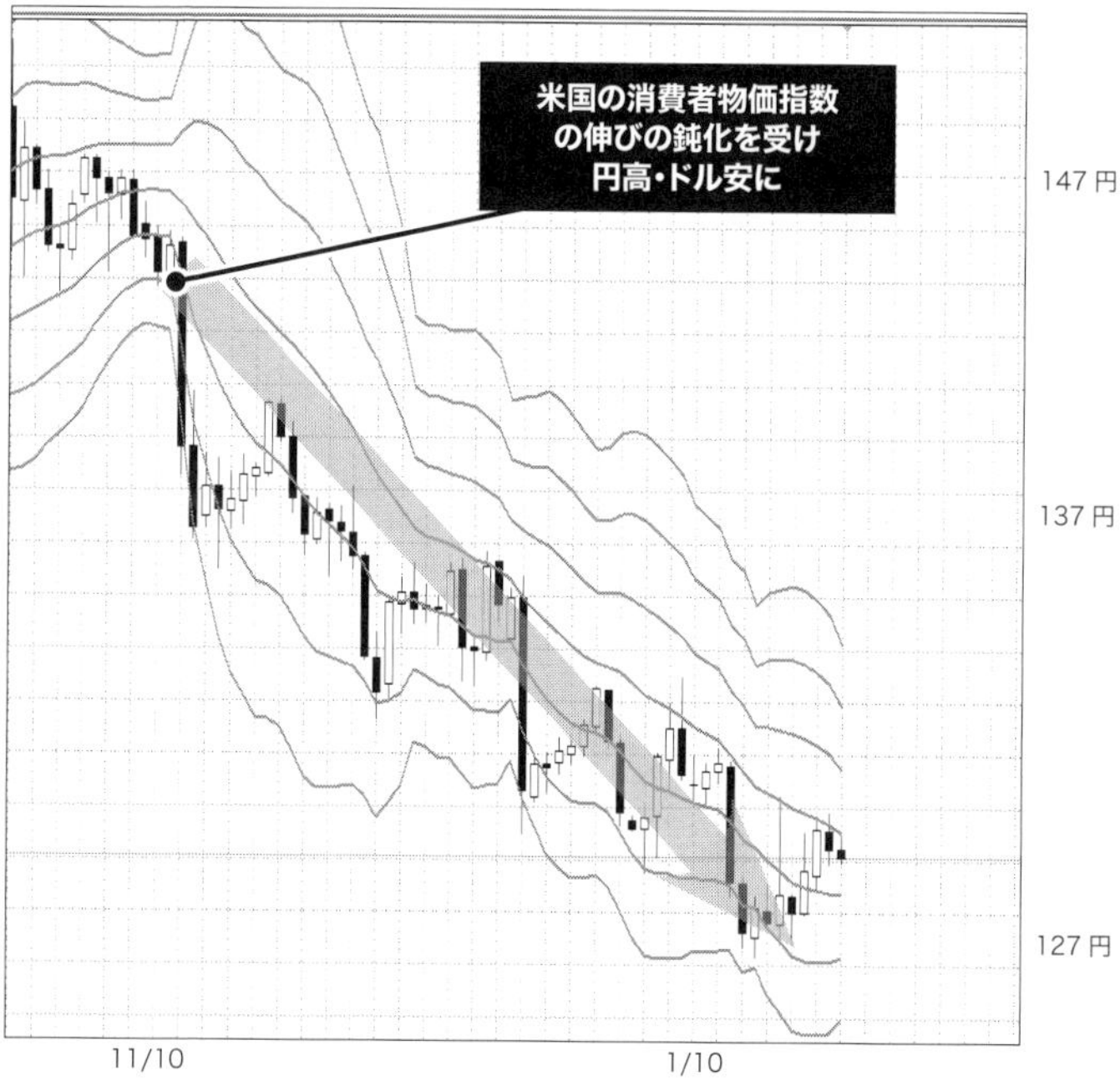
米国の消費者物価指数
の伸びの鈍化を受け
円高・ドル安に
147円
137円
127円
11/10
1/10

▶ 米国の消費者物価指数の伸びが鈍化

▶ 一部FRB高官が利上げ減速を示唆

けいめいさんの考え方

ミドルラインが下向きなので下降トレンド

1 エクスパンションが発生し、ローソク足が雲を下に突き抜けたので売りエントリー

2 スクイーズが始まったのでイグジット

指標発表直後の動きは危ないのでトレードしませんでしたが、落ち着いたタイミングでローソク足が雲を下に突き抜けたので売りエントリーしました。形的に良いトレードだったのですが、利益は思っていたより取れませんでしたね。

まとめ

トレード事態はうまくいったものの、利益は予想より少なかった。

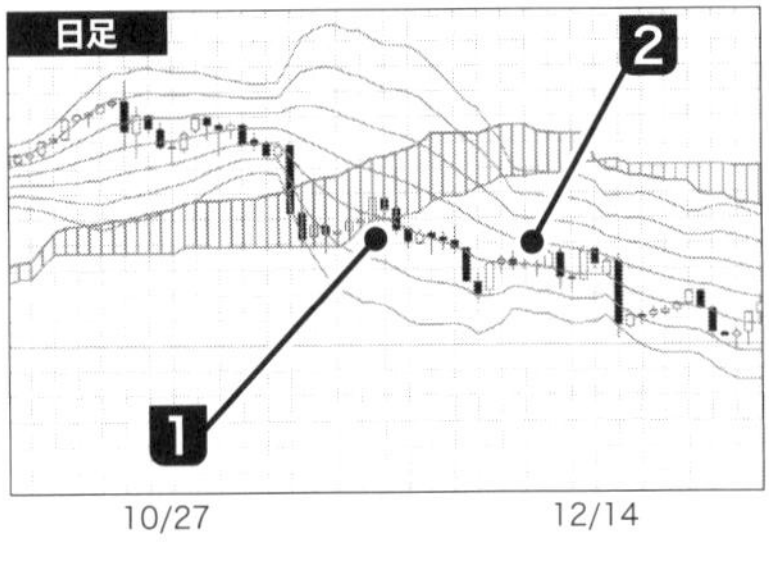

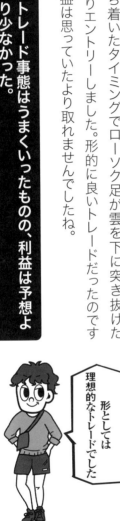

ケッティさんの考え方

4時間足、1時間足でトレンドレス

1 4時間足と1時間足でトレンドレス上段2点目のタイミングで、5分足でダブルトップが発生したのでトレンド転換狙いの売りエントリー

2 1時間足のマイナス2σタッチでイグジット

4時間足と1時間足でトレンドレス上段2点目のタイミングで、5分足チャートで、ダブルトップが発生という状況でした。ここで、トレンド転換狙いの売りエントリーを行い、思惑通り下落したので、1時間足のマイナス2σタッチでイグジットしました。

まとめ

5分足のトレンド転換狙いのエントリーがうまくいきました。

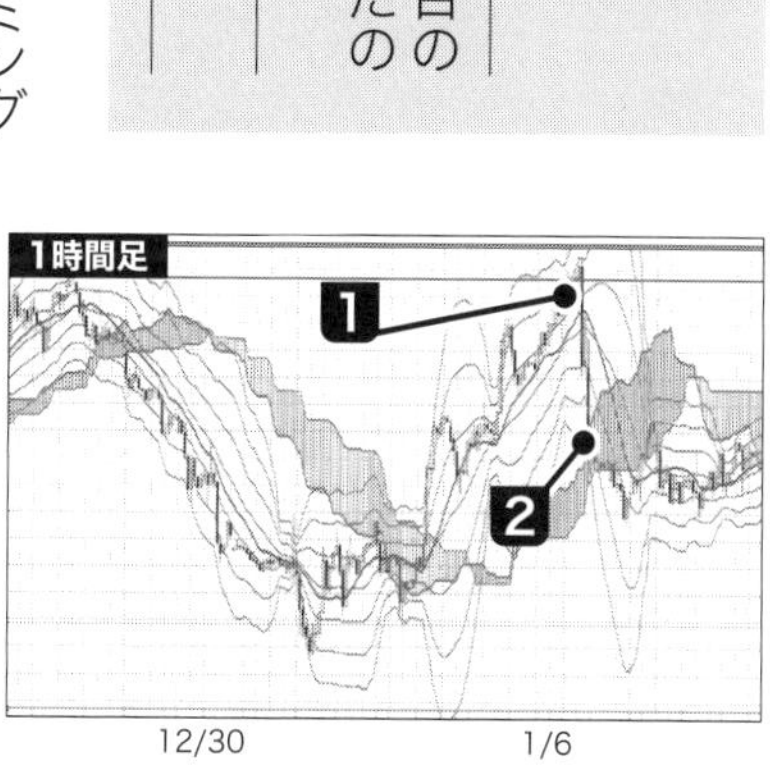

エントリーは、5分足でのサインをもとに行います。

2022年3月にFRBが利上げを決定したことによりドル買いが増える

04

米国と日本の政策の違いにより円安・ドル高に

2022年3月16日にFRB（米連邦準備制度理事会）は、2020年3月から続いていた「ゼロ金利政策」を終了し、利上げすることを決定しました。この背景には、米景気の回復にともない、雇用状況などが改善する一方、消費者物価の上昇率が40年ぶりの高水準となったことが挙げられます。

一方、日本では2022年3月18日に行われた金融政策を決める会合で、大規模な金融緩和策を維持することを決定しました。この米国と日本の金融政策の違いにより、その後も長期的に円安・ドル高が進み、10月21日には152円台に迫るまで推移しました。

2022年1月〜10月

米ドル/日本円の日足チャート

米国の利上げによりドル買い・円売りが加速

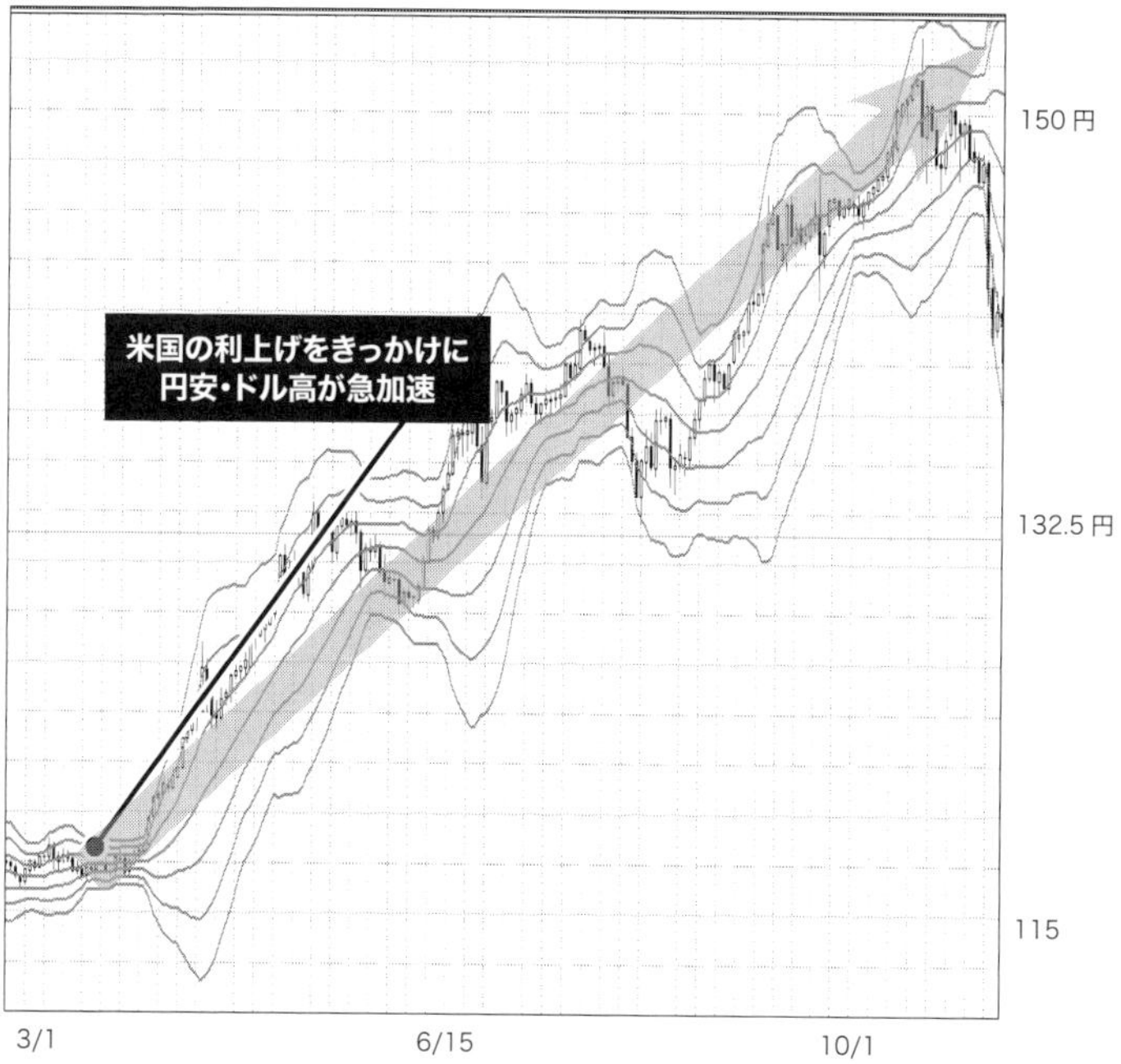

▶ 米国が2022年3月16日に利上げを決定

▶ 日本は金融緩和策を維持することを決定

つくしさんの考え方

移動平均線の動きで上昇トレンドと判断

1 エクスパンションが発生し、ローソク足がミドルラインを上に抜けたので買いエントリー

2 ローソク足が反転したので、イグジット

買いエントリー後、ローソク足がある程度上昇したあとに、反転したのでイグジットしました。長期にわたる上昇トレンドだったので、その後も、トレードチャンスがあり、相場と手法がマッチしていたと思います。

まとめ

相場と手法がマッチし、十分な利益を得ることに成功した。

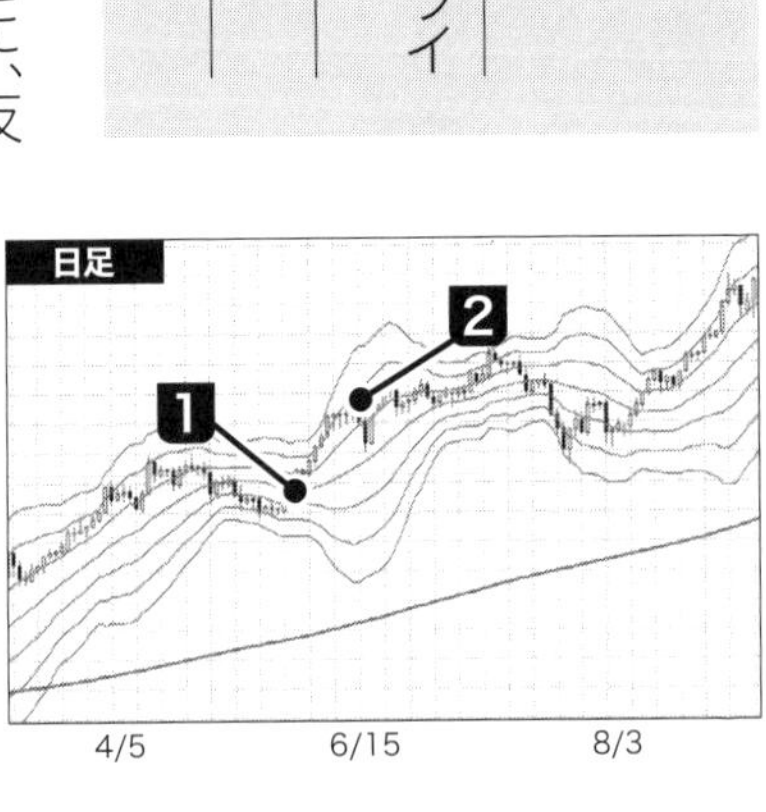

けいめいさんの考え方

ミドルラインの動きで上昇トレンドと判断

1 エクスパンションが発生し、ローソク足が雲の上で推移していたので買いエントリー

2 スクイーズが発生したのでイグジット

米国の利上げ以降は長期間上昇トレンドが続いていたのでトレードしやすい相場でした。雲が下支えするなかで、エクスパンションでエントリー→スクイーズでイグジットというトレードが何回か行えたので、ボリバンや一目均衡表の雲とも相性が良い相場だったと思います。

まとめ

雲やボリバンと相性の良い相場でスムーズにトレードできた。

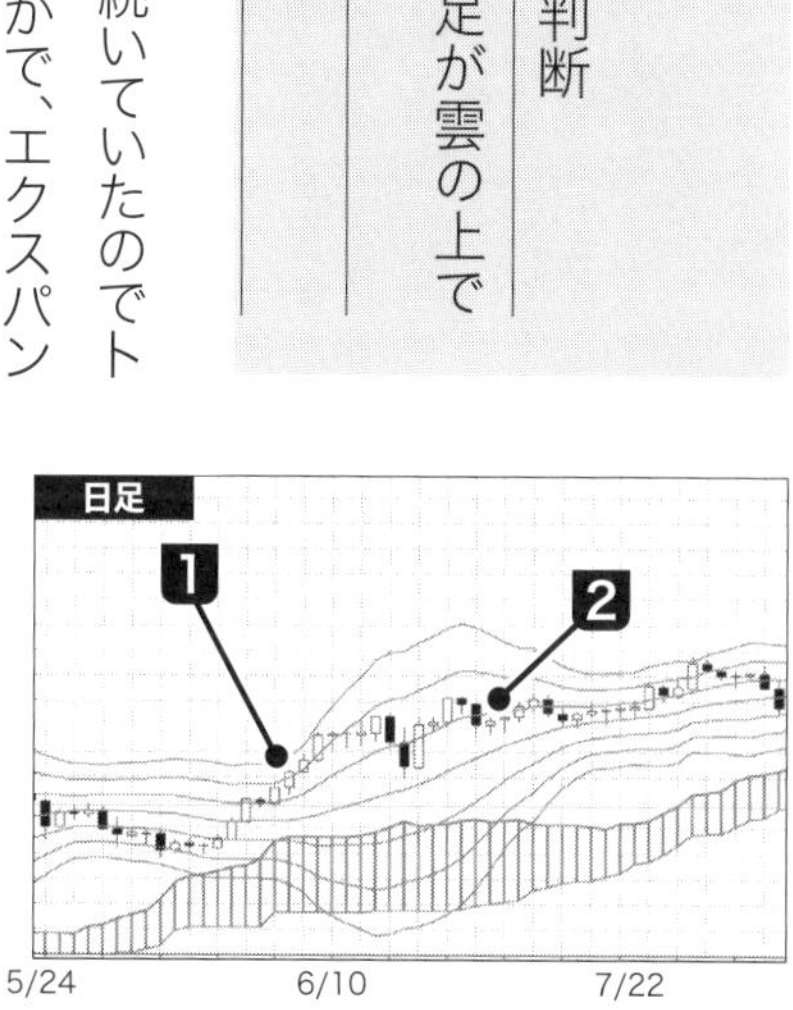

2022年中の利上げ示唆によりドル買いが増える

05

米国の利上げ示唆により円安・ドル高に

2021年9月に行われたFOMC（米連邦公開市場委員会）の定例会合で、18人中9人が2022年末までの利上げを予想し、さらに、2023年末までには3回の利上げが示唆され、前回（2020年7月）の2回の予想から1回増加しました。これにより、利上げを見越してドル買いをする市場参加者が増え、円安・ドル高が進行しました。

一方、日本では世界景気の回復にともない輸出が回復したものの、資源高や国内景気の持ち直しにともなう輸入増加によって円高・ドル安圧力が生じにくくなっている状況もあり、円安・ドル高が強くなっていました。

2021年8月〜11月

米ドル/日本円の日足チャート

来年以降の米国の利上げを見越してドル買いが加速

- 米国が2022年、2023年の利上げを示唆

- 日本では、輸入増加などの影響で円高圧力が生じにくくなっている状況

バンビさんの考え方

ミドルラインとローソク足の動きで上昇トレンドと判断

1 ローソク足が＋1σ付近で押し目を作ったので買いエントリー

2 支持線として機能していた＋1σを突き抜けたのでイグジット

買いエントリー後、順調に上昇し、トレンドが終わるタイミングで＋1σを突き抜けたので、イグジットしました。トレンドの始まりから終わりまでをとれたので、私の手法において理想的な流れだったと思います。

まとめ

エントリーからイグジットまで理想的な展開でトレードができた。

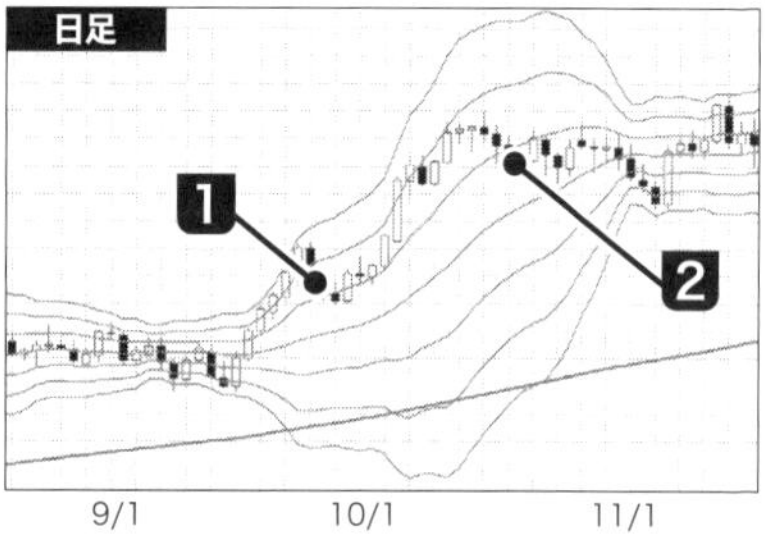

けいめいさんの考え方

ミドルラインの動きで上昇トレンドと判断

1 エクスパンションが発生し、ローソク足が雲を上に突き抜けたので買いエントリー

2 スクイーズが発生したのでイグジット

上昇トレンドが始まるとほぼ同時にローソク足が雲を突き抜けながらエクスパンションが発生し、十分な含み益を得たところでスクイーズが発生する理想的な流れでした。

一方的な流れの相場では、このようなトレードをしやすいので、ボリバンとの相性が良いです。

まとめ

理想的なトレードの流れだった。

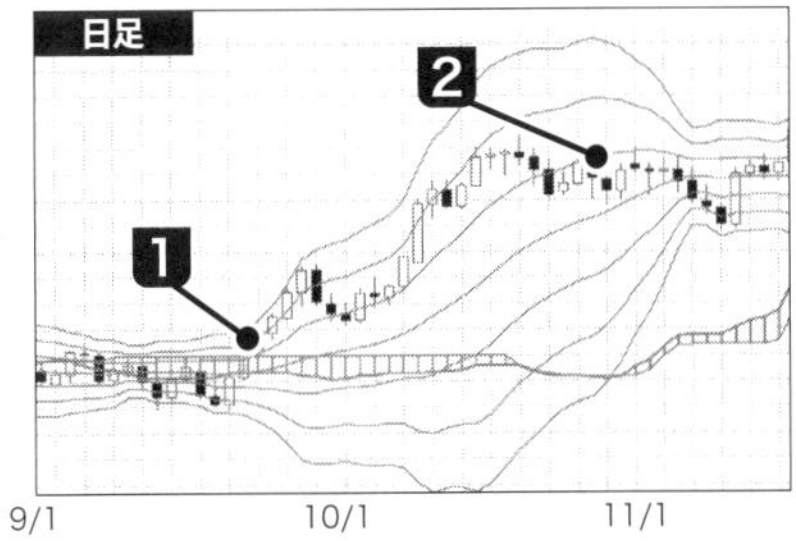

06

米国の景気回復を背景に円安・ドル高が進行

2021年2月は円安・ドル高が進みました。この背景には、米国の経済対策の追加への成立期待や、新型コロナのワクチンが早期に普及するとの予測から、米国の景気回復への期待が一段と高まった状況などがあります。また、米10年債利回りの上昇圧力や、バイデン政権によるインフラ投資計画などもドルの上昇圧力になりました。

4月以降は米国が金融緩和を維持する姿勢を見せたことや、バイデン政権による株式や債券などの売却にかかる税金に対しての増税に警戒が強まったことにより、円安・ドル高の勢いは、いったん落ち着きました。

2021年1月〜2021年5月

米ドル/日本円の日足チャート

米国の景気回復によりドル高に

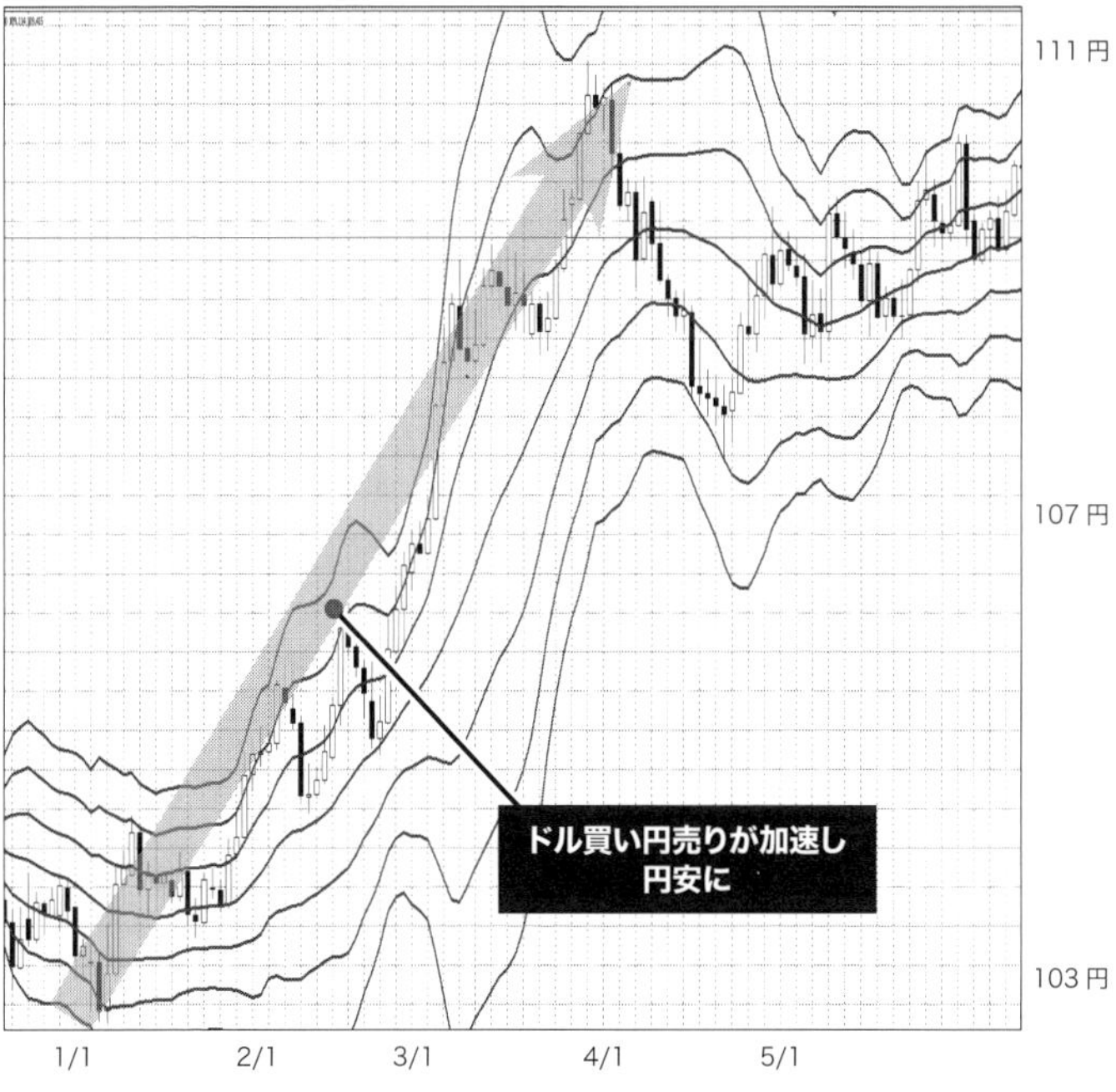

▶ 米国がコロナショックから立ち直り長期金利が上昇した

けいめいさんの考え方

ミドルラインの動きで上昇トレンドと判断

1 エクスパンションが発生し、ローソク足が雲を上に突き抜けたので買いエントリー

2 スクイーズが発生したのでイグジット

エントリータイミングはわかりやすかったのですが、スクイーズの判断は少し難しかったです。十分な含み益が得られていたことと、ミドルラインの傾きから、少し早いかなと思いつつイグジットをしました。

まとめ

イグジットタイミングには迷いがあったが、結果的にはベストタイミングのイグジットだった

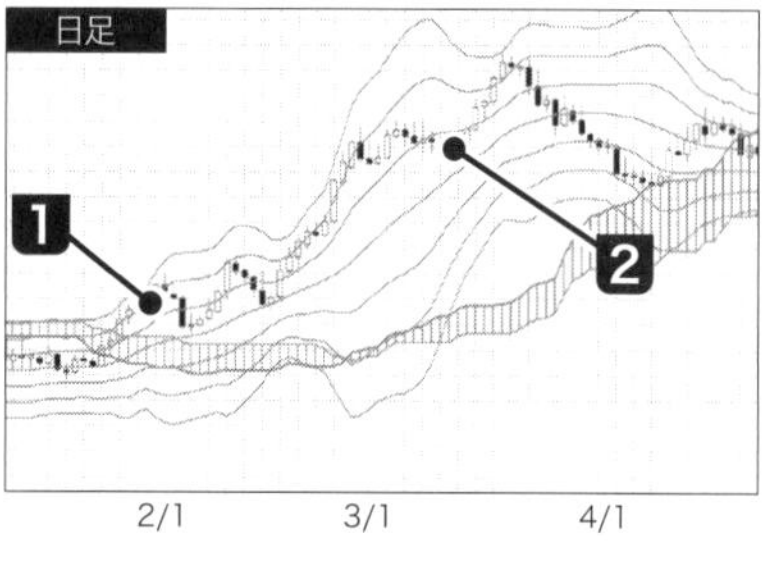

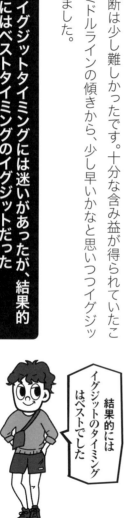

エマさんの考え方

ミドルラインの動きで上昇トレンドと判断。

1. エクスパンションが発生したので買いエントリー
2. バンドウォークが発生したので買い増し
3. スクイーズが発生したのでイグジット

2月に入ったのと同時にエクスパンションが発生したので買いエントリーしました。エントリー後、2回バンドウォークが発生したので買い増しを行っています。その後、スクイーズの動きをみせたタイミングでイグジットしました。

まとめ

トレンドの始まりから終わりまでの間を綺麗にとれた理想的なトレードでした。

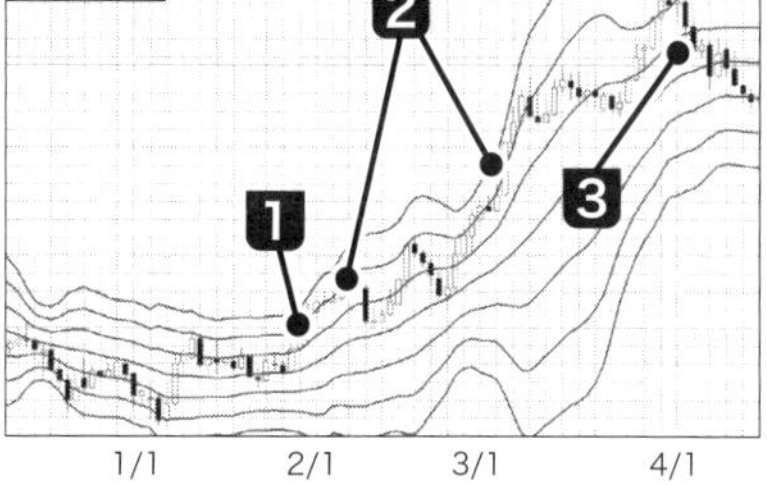

07

コロナショックで為替相場が激しく動いた年

2020年は新型コロナウイルス感染症の拡大により、相場は大きく変化しました（コロナショック）。

新型コロナの流行が本格的に始まるとドル需要が高まり、2月中盤に一時的に円安・ドル高になりました。しかし、その後リスクオフの動きが広まり、FRBが臨時のFOMCを開催し、緊急利下げと無制限の資産購入を実施したため、一転して3月上旬までは円高・ドル安に動きました。その後、世界的な危機を受けて、ドル需要が高まったことで、再度円安・ドル高に動きましたが、市場に大規模なドル供給が行われたことでじわじわと円高・ドル安へ振れていきました。

2020年2月〜2020年12月

米ドル/日本円の日足チャート

新型コロナウイルスの影響で大きく相場が動いた

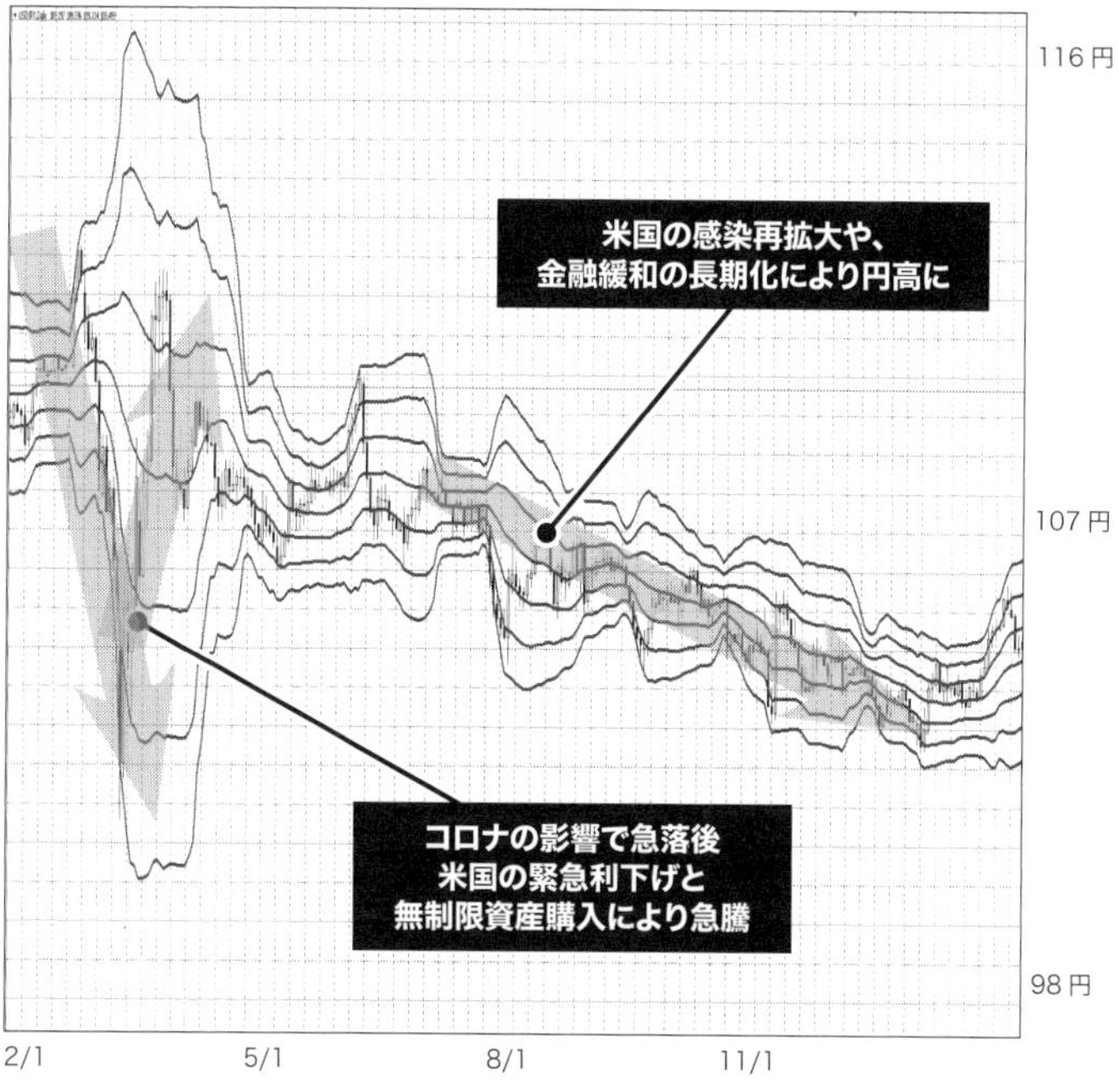
116円
107円
98円
2/1
5/1
8/1
11/1
米国の感染再拡大や、
金融緩和の長期化により円高に
コロナの影響で急落後
米国の緊急利下げと
無制限資産購入により急騰

- 新型コロナウイルスの影響で急落後、米国の利下げなどもあり急騰
- 米国の感染再拡大や金融緩和の長期化、政治懸念などの影響で円高に

つくしさんの考え方

移動平均線の動きで下降トレンドと判断

1 エクスパンションが発生し、ローソク足がミドルラインを下に抜けたので売りエントリー

2 ローソク足が反転したので、イグジット

コロナショック時は移動平均線に傾きがなかったこともあり、トレードはしませんでした。その後、相場が落ち着き、明確な下落トレンドが発生したのですが、私の手法と相場の相性が悪く、トレードには苦戦しました。

まとめ

明確な下落トレンドが出たものの、手法とマッチせず、利益が伸びなかった。

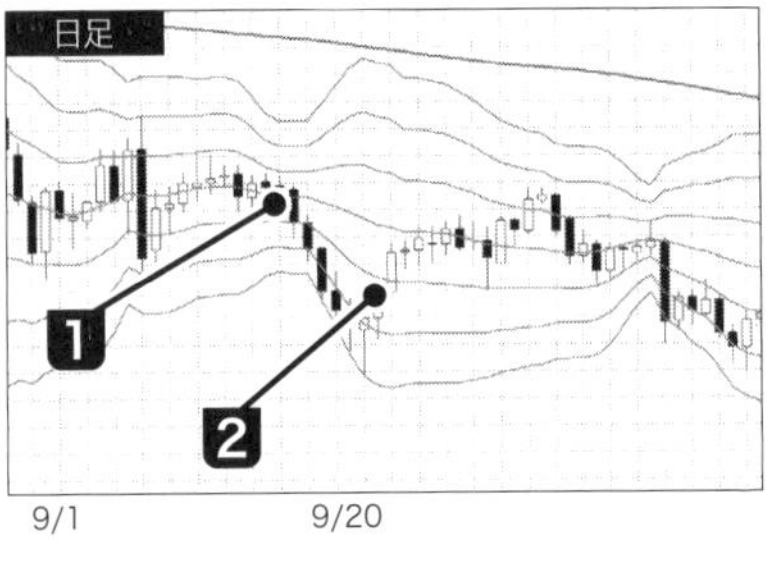

けいめいさんの考え方

ミドルラインの動きで下降トレンドと判断

1 エクスパンションの発生時にローソク足が雲の下にあるので売りエントリー

2 ローソク足が一気に上昇したのでイグジット

エクスパンション発生時に雲の下にローソク足があったので売りエントリーをしました。その後、一気にローソク足が上昇し、ボリバンも若干スクイーズの動きを見せていたので、イグジットしました。

まとめ

利益は得られたものの、手法と相場が合っていなかった。

トレンドが不安定で
トレードに
適していませんでした

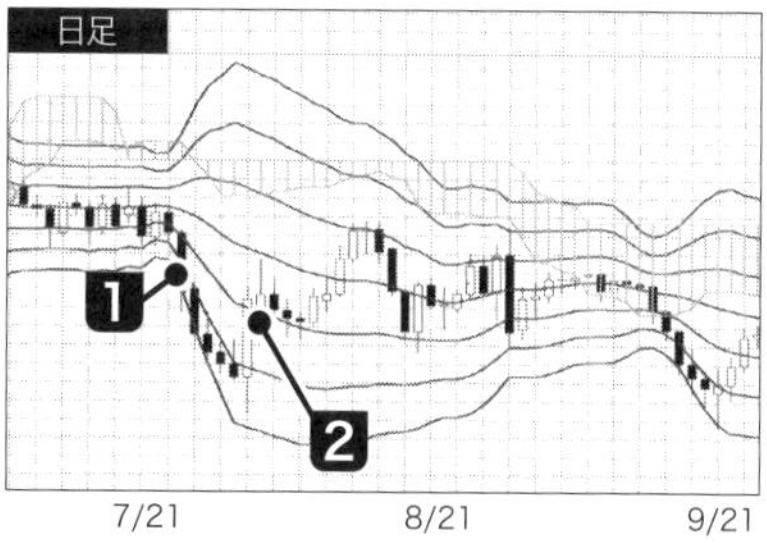
日足
1
2
7/21
8/21
9/21

2020年初めは下落したものの、すぐに円安・ドル高に

08

イランショックからコロナウイルス発生までの動き

2020年1月3日に米軍によってイラン革命防衛隊（イラン軍）のソレイマニ司令官が殺害されました。その報復として1月8日にイラン軍が米軍駐留のイラク基地を攻撃したことによって米ドル／日本円はわずか4時間ほどで108円台から107円台まで下落しました。この一連の動きを「イランショック」と呼びます。その後、徐々に円安・ドル高方向に動きを変え、米中が通商協議の第1段階で合意すると17日には110円台にまで上昇しました。しかし、中国で発生した新型コロナウイルス感染症が世界に広がり始めたため、110円を高値として再びドル安へと押し戻されていきました。

2020年1月

米ドル/日本円の4時間足チャート

イランショック後の動き

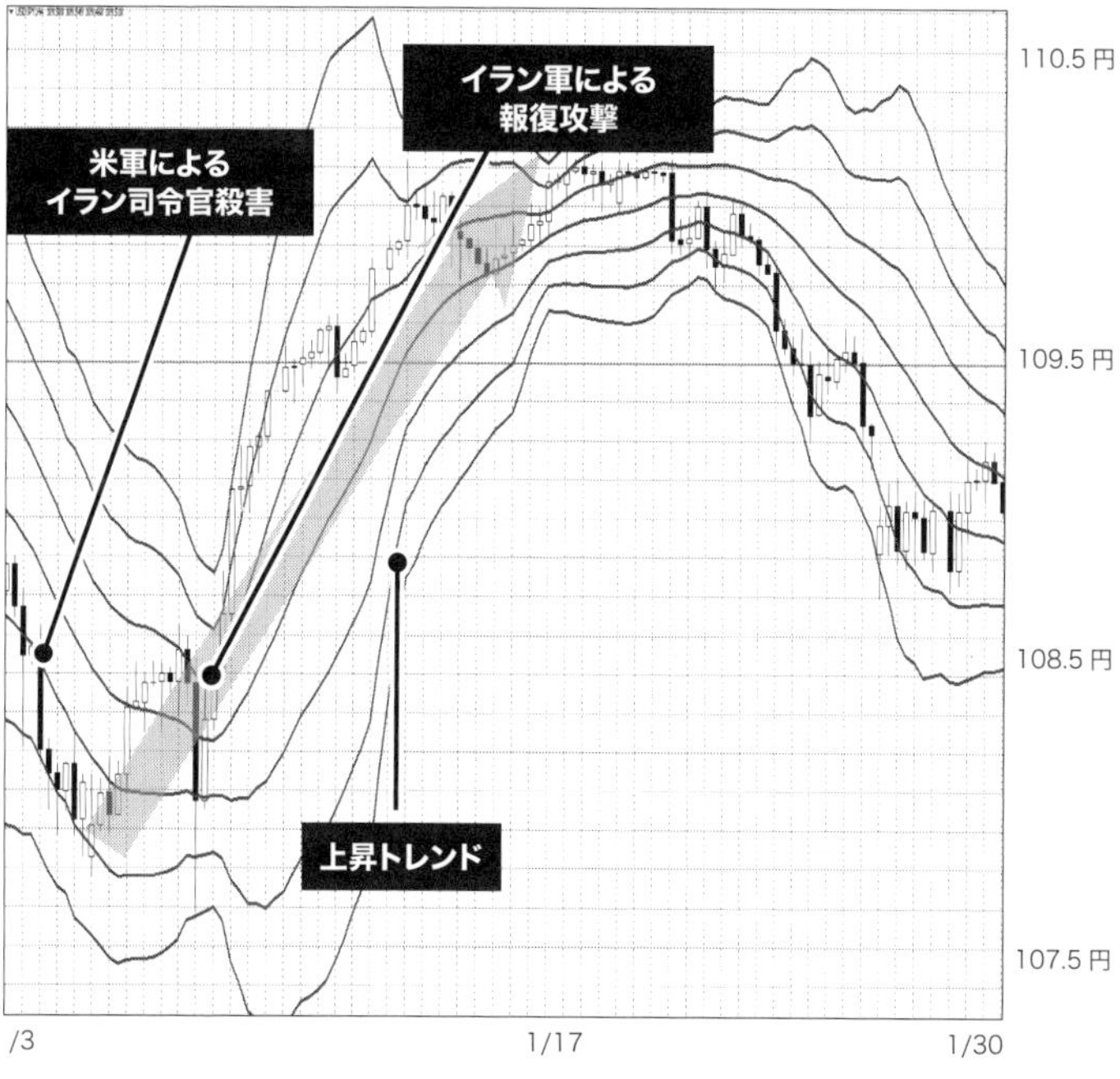

▶ 米軍によるイラン司令官の殺害

▶イラン司令官殺害の報復のためにイラン軍が米軍駐留基地を攻撃

つくしさんの考え方

移動平均線の動きで上昇トレンドと判断

1 エクスパンションが発生し、ローソク足がミドルラインを上抜けたので買いエントリー

2 スクイーズが発生し、ローソク足の勢いが落ちているので、イグジット

イランショック後はわかりやすい上昇トレンドでしたので、買いエントリーもスムーズに行えました。イグジットサインであるスクイーズが発生するまでほぼ一方的なトレンドだったので、不安感もなくトレードできました。

まとめ

一方的なトレンドでスムーズにトレードができた。

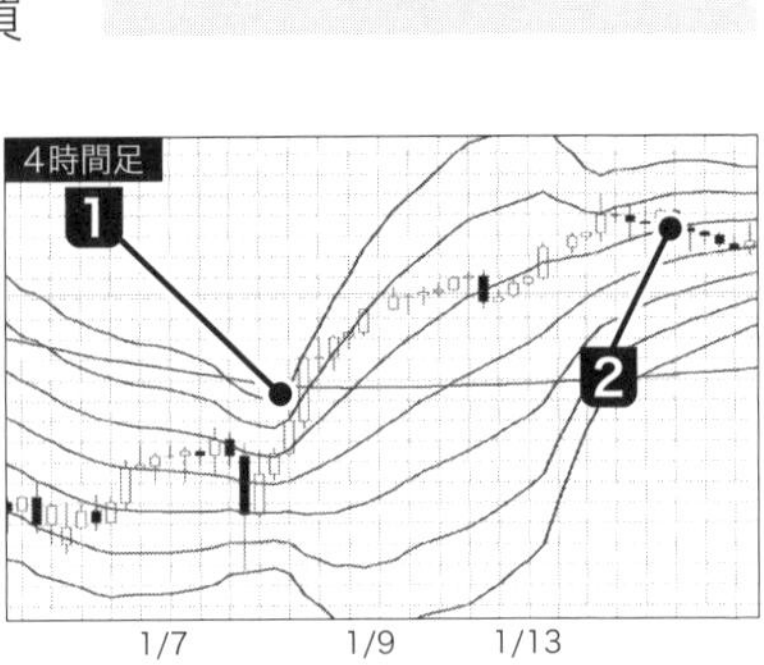

エマさんの考え方

ミドルラインの動きで下降トレンドと判断

1 エクスパンションが発生したので売りエントリー

2 スクイーズが発生したのでイグジット

典型的なエクスパンションからスクイーズまでのトレードでした。あとになって見てみるとスクイーズの判断が早かったような気もしますが、利益は得られていたので十分成功だったと思います。ここで欲張っているとイランショックに巻き込まれていたので、運が良かったですね。

まとめ

スクイーズの判断は早かったが、十分な成功トレードだった。

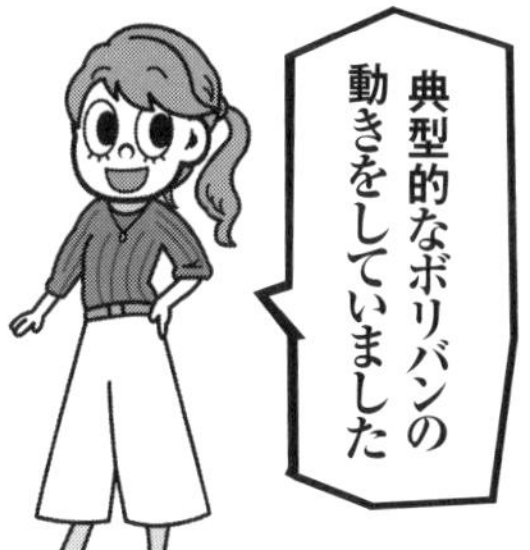

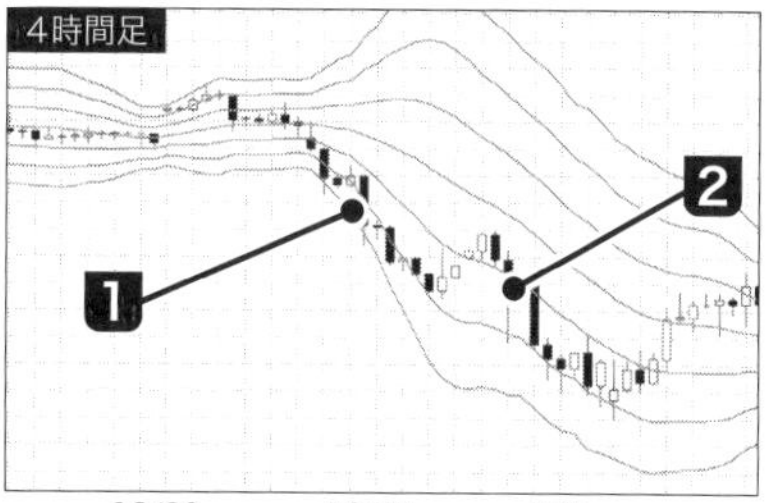

09

米中関係が改善し円安・ドル高相場に

2019年11月1日に米トランプ大統領と中国の習近平国家主席が通商問題を巡る電話協議を行いました。そのなかで、貿易問題について進展が得られたことを明らかにし、トランプ大統領は習近平国家主席と合意に署名したいとの考えをツイッターで投稿し、中国商務省でも電話協議の結果、原則で一致したことを発表しました。米中の関係悪化を懸念してリスク回避のために円高・ドル安に動いていた相場は、電話協議後は、リスクオンになり円安・ドル高に転換しました。

また、11月1日に発表された米雇用統計が良好な結果だったことも相場に影響を与え、11月中旬ごろまでドル高が続きました。

2019年11月

米ドル/日本円の4時間足チャート

米中関係改善により円安の動きが強まる

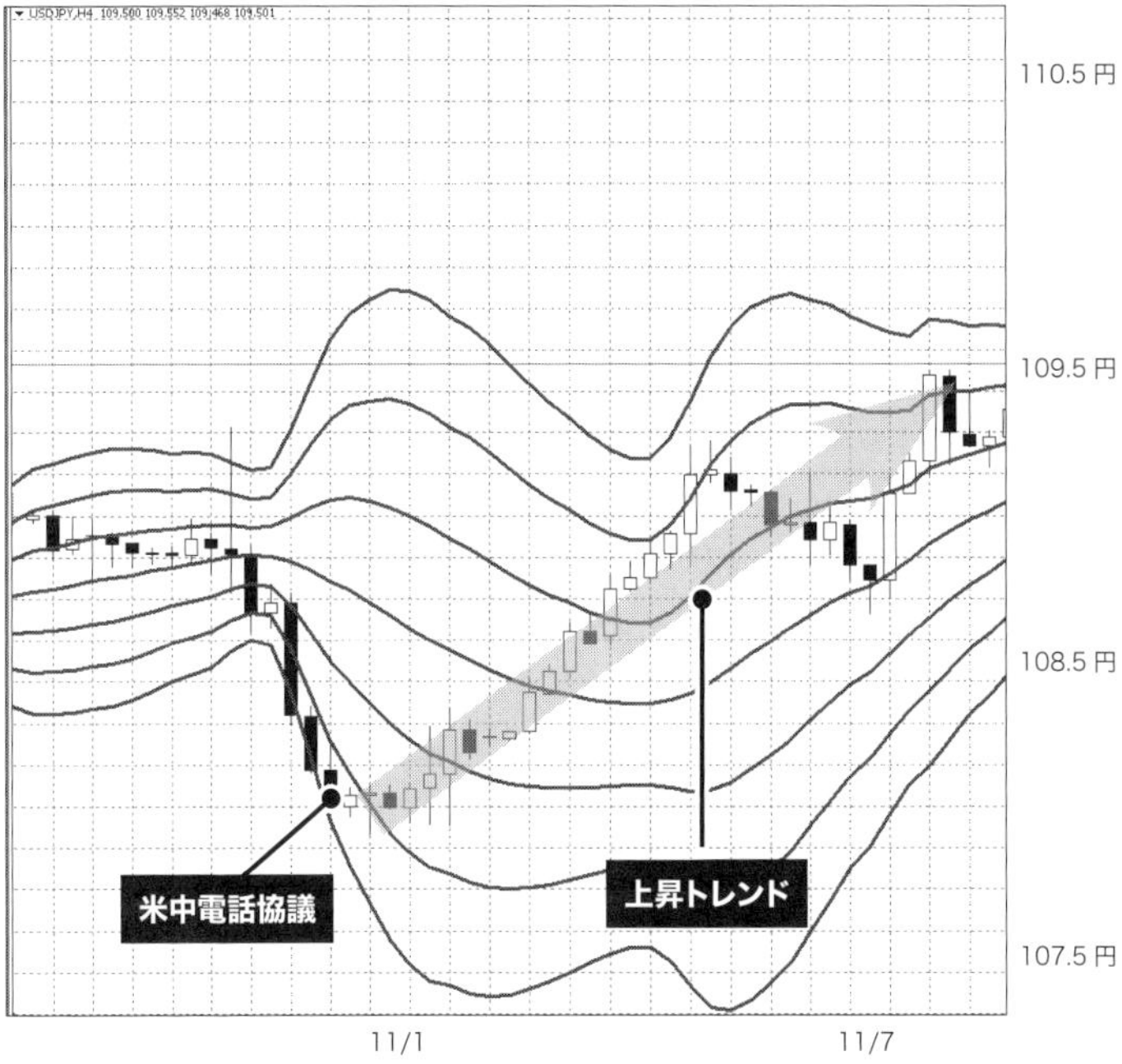

▶ 米中の通商問題をめぐる問題が改善

▶ 米雇用統計が良好な結果

バンビさんの考え方

ミドルラインとローソク足の動きで上昇トレンドと判断

1 ローソク足が＋1σ付近で押し目を作ったので買いエントリー

2 支持線として機能していた＋1σを突き抜けたのでイグジット

買いエントリー後、いったん上昇したもののすぐに下落をはじめ、ミドルラインを突き抜けてしまったのでイグジットしました。一応利益は得られたものの、失敗パターンに近い値動きでした。

まとめ

予想以上に、早い下落だったものの、利益を得ることには成功した。

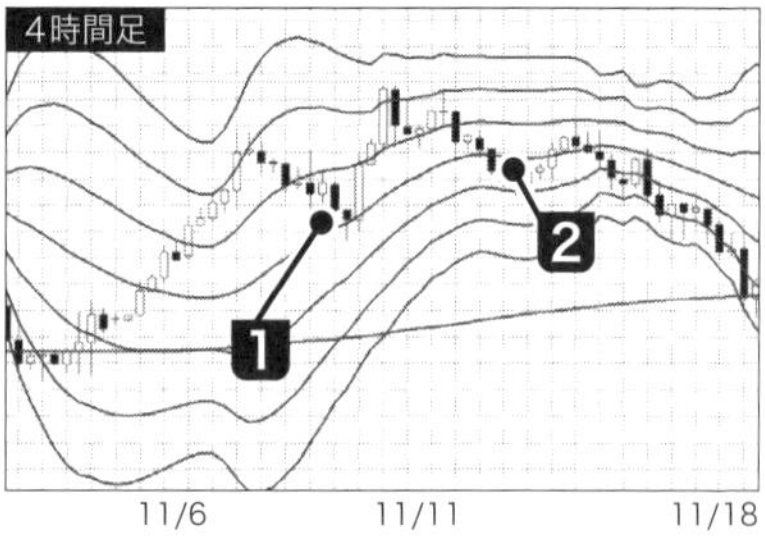

けいめいさんの考え方

ミドルラインの動きで上昇トレンドと判断

1 エクスパンションの発生時にローソク足が雲を上に抜けたので買いエントリー

2 ローソク足が下落したが、ミドルラインを完全に下抜けしていないので様子見

3 スクイーズが発生し、ミドルラインの傾きが緩やかになっているのでイグジット

エクスパンションでエントリーできたものの、上昇の力が弱く、利益があまり得られないトレードでした。トレンドの勢いが弱いときは中途半端なトレードになりやすいです。

まとめ

トレンドの勢いが弱く、あまり利益が得られないトレードになった。

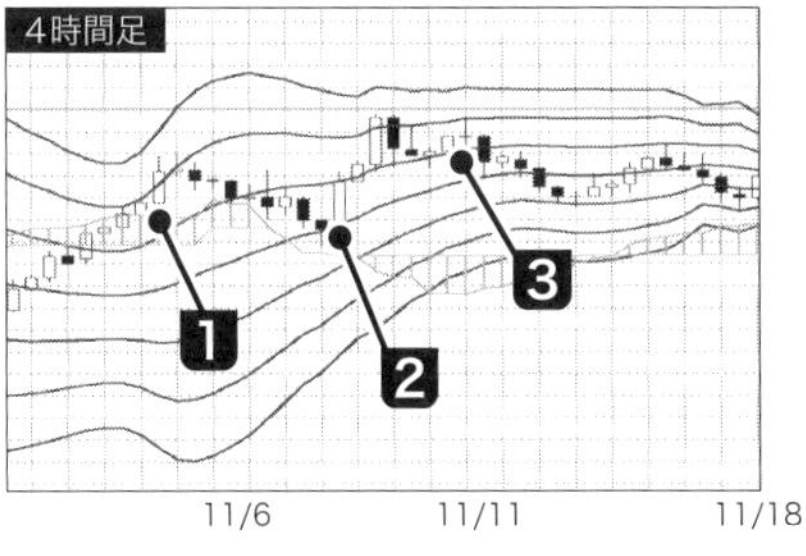

10

米中貿易戦争の激化懸念による円高・ドル安

2019年8月1日に米トランプ大統領がツイッターで、9月1日より中国からの輸入品3000億ドル分を対象とした追加関税を発動すると表明しました。また、それに対して中国もすぐに必要な対抗措置を取ると表明したことで、米中貿易戦争の激化が懸念され、リスクオフの動きが強まり、円高・ドル安へと動き、表明のあった8月1日には、108円76銭から107円31銭まで下落し、8月12日には105円5銭にまで下落しました。

そのほかの要因として、日本以外の主要国では利下げの実施、または利下げが予想されていたことも円高・ドル安の勢いに拍車をかけていました。

2019年6月〜8月

米ドル/日本円の日足チャート

米中の関係悪化が懸念され円高の動きに

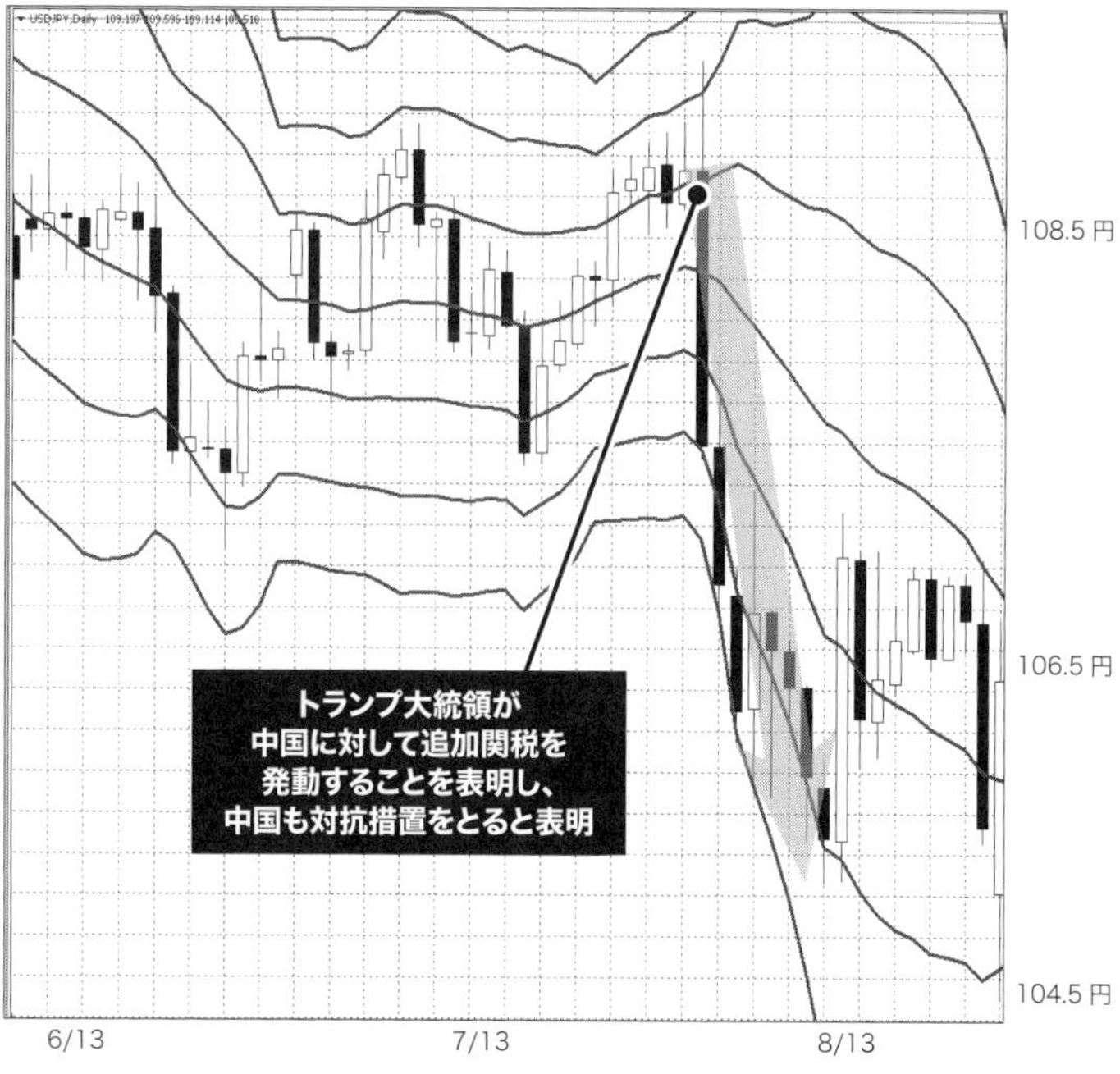
108.5円
106.5円
104.5円
6/13
7/13
8/13
トランプ大統領が
中国に対して追加関税を
発動することを表明し、
中国も対抗措置をとると表明

- トランプ大統領が中国への追加関税発動を表明
- 中国も対抗措置をとると表明
- 日本以外の主要国の利下げの動きも影響

つくしさんの考え方

移動平均線の動きで下降トレンドと判断

1 エクスパンションが発生し、ローソク足がミドルラインを下抜けたので売りエントリー

2 スクイーズが発生し、ローソク足の勢いが落ちているので、イグジット

持ち合い状態から下放れたタイミングでのエントリーになりました。しっかりσラインが広がったのちにスクイーズする形になったので、大きな利益を獲得することにつながっています。

まとめ

しっかりとした下落をとらえ、大きな利益を獲得した。

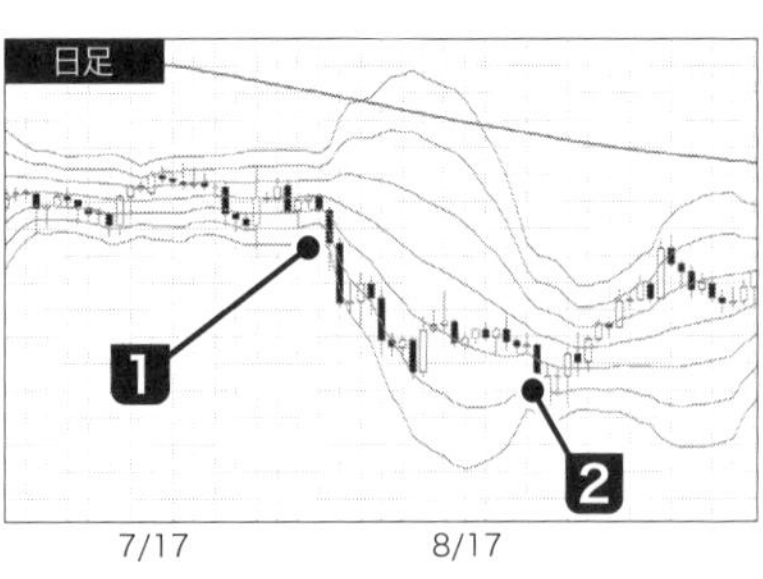

エマさんの考え方

1. エクスパンションが発生したので売りエントリー
2. ローソク足が反転したのでイグジット

エクスパンションが発生したので売りエントリーしましたが、その後すぐにローソク足が反転したのでイグジットしました。冷静になって考えてみると、どちらかというとファンダメンタルズ重視の動きだったので、テクニカルでトレードすること自体がミスだったかもしれません。また、動きも急すぎたのでそもそもトレードすべき場面ではなかったと思います。

まとめ

トレードすべきではないタイミングでトレードし、失敗した。

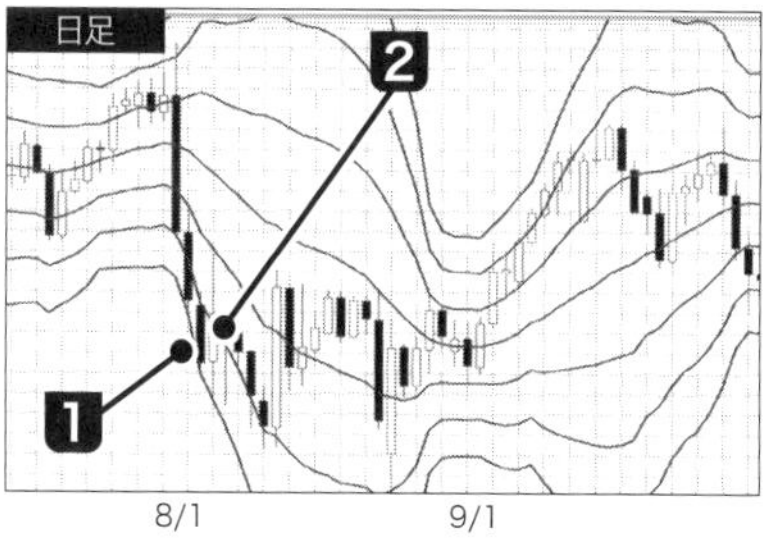

11

米中関係悪化と米国の利下げ懸念による円高・ドル安

２０１９年に入ってから落ち着きを見せていた米中関係が、５月に米中閣僚級協議が決裂し、ほぼ完成していた合意文書案を中国が大幅に修正して一方的に送付したことで、米国は２０００億ドル規模の追加関税を10％から25％に引き上げました。その結果、投資家の間では、リスクオフになり、ドル売り・円買いが増えました。

また、米国は景気の悪化が懸念されるなか、６月のＦＯＭＣ（米国連邦公開市場委員会）では17人中７名が年内２回の利下げを見込んだことで、利下げの可能性が高まり、ドル売りが加速しました。

2019年5月〜6月

米ドル/日本円の日足チャート

米中の関係や米景気の悪化の懸念により円高に

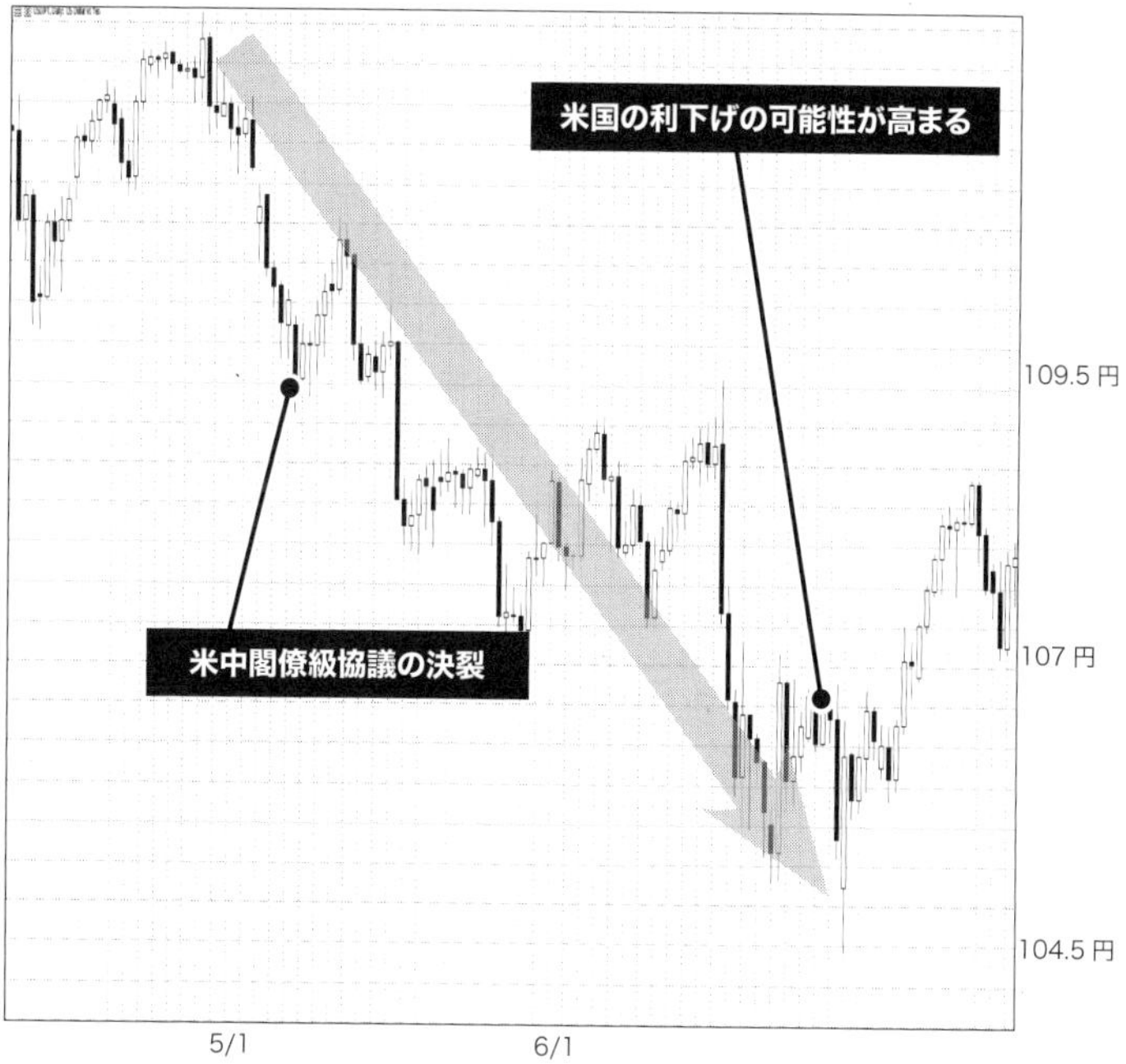

▶ 米中閣僚級協議の決裂

▶米国の景気悪化への懸念

▶米国の利下げの可能性の高まり

バンビさんの考え方

移動平均線の動きで下降トレンドと判断

1 ローソク足がマイナス1σ付近で戻りを作ったので売りエントリー

2 抵抗線として機能していたマイナス1σを突き抜けたのでイグジット

利益を獲得できたので、成功なのですが、エントリー後バンドウォークのような形が続き、イグジット判断に困る相場でした。しっかりとマイナス1σを抜けたタイミングでイグジットしましたが、難しい相場でしたね。

まとめ

バンドウォークのような形が続き、判断に困る相場だった。

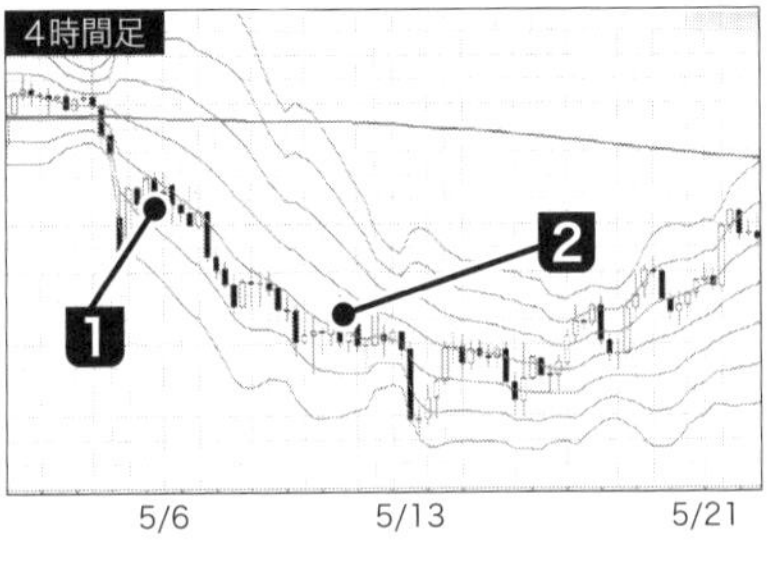

けいめいさんの考え方

ミドルラインの動きで下降トレンドと判断

1 エクスパンションの発生時にローソク足が雲の下を推移していたので売りエントリー

2 スクイーズが発生し、ミドルラインの傾きが緩やかになっているのでイグジット

最初に大きく下がったあとはリバウンドの可能性もありましたが、大きく戻ることなく下落したので、手法どおりのトレードでうまくいきました。

まとめ

最初の大きな下落でリバウンドの可能性もよぎったが、大きく戻ることなくトレードは成功。

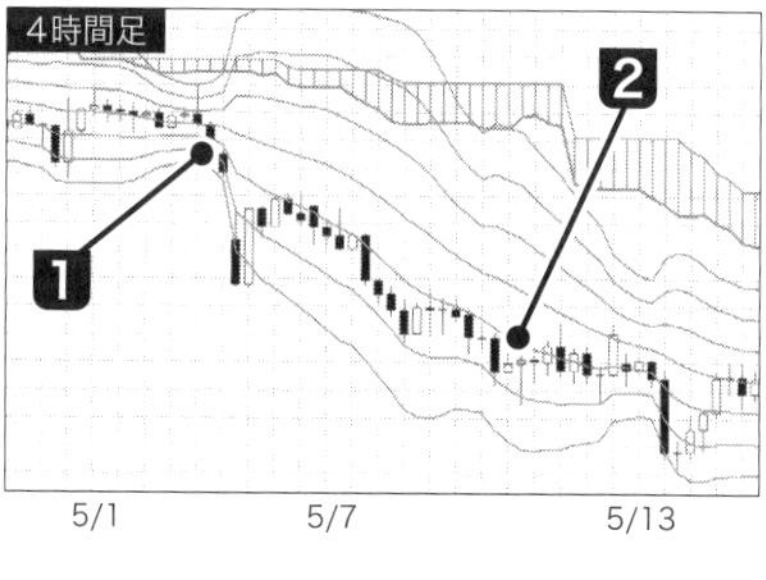

12

米政策金利の据え置きによる円高・ドル安

2019年3月に開催されたFOMCで、政策金利を2.25~2.5%の据え置きにすることが決まりました。市場では、年内に最低でも1回は利上げすることを予想していました。しかし、FOMCの参加委員17名のうち11名が2019年中の政策金利の据え置きの見通し、利上げ1回の予測が4名、利上げ2回の予測は2名にとどまり、利上げが必要との意見が少数派でした。

これにより、市場は失望感からドル売りが加速しました。その結果、FOMC以前から円高・ドル安トレンドだった相場はさらに円高・ドル安方向への勢いが加速しました。

2019年2月〜4月

米ドル/日本円の日足チャート

米政策金利の据え置きによって失望売り

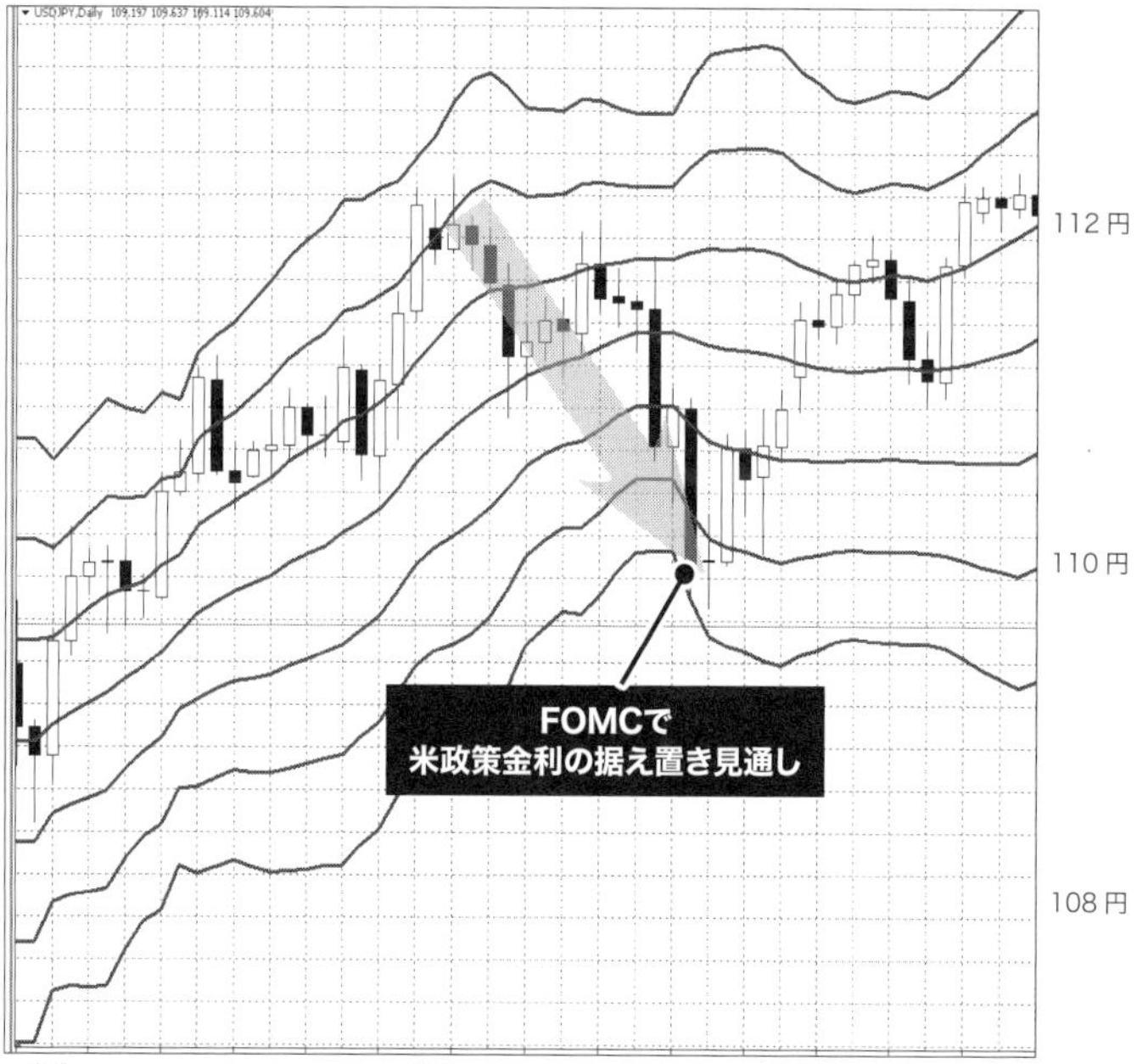

- 米政策金利が据え置き
- FOMC参加委員のなかで利上げを必要とする意見が少数派

エマさんの考え方

ミドルラインの動きで上昇トレンドと判断

1 エクスパンションが発生したので買いエントリー

2 スクイーズが発生したのでイグジット

2月末はエクスパンションが発生し、エントリーする絶好のタイミングでした。米政策金利発表より前にイグジットできたので、下落に巻き込まれることもなく終わりました。ただ、仮に米政策金利発表までイグジットサインが出なかった場合でも、政策金利が注目されていたので、イグジットしていたと思います。

まとめ

急落前にイグジットサインが出て、問題なくトレードができた。

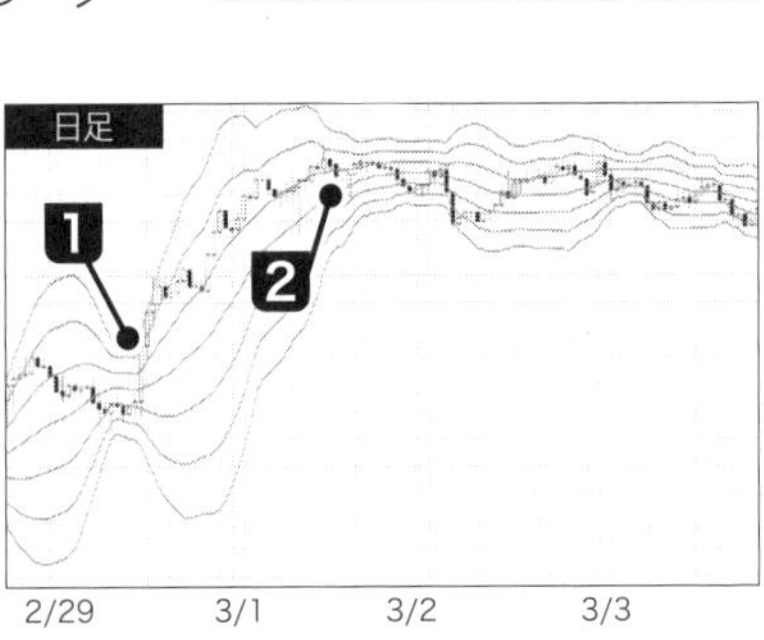

つくしさんの考え方

移動平均線の動きで上昇トレンドと判断

1 エクスパンションが発生し、ローソク足がミドルラインを上抜けたので買いエントリー

2 スクイーズが発生し、ローソク足の勢いが落ちているので、イグジット

この一連の上昇トレンド中は何度かエクスパンションが発生したので、トレードチャンスがありました。どれも、きれいな形で上昇したので、トレードしやすく、利益を得やすい状況でした。

まとめ

上昇トレンド中に何度もトレードチャンスがあり、大きな利益を得た。

大きな上昇が
何度かあり、
利益が得られました

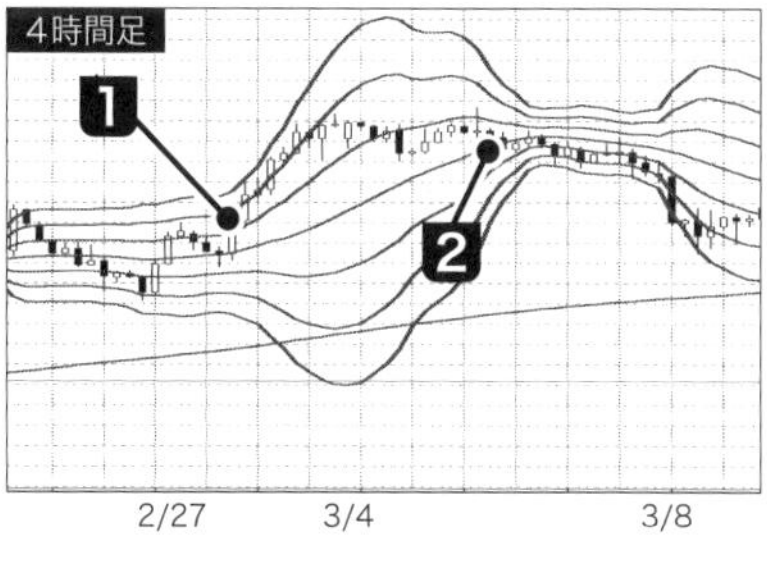
4時間足
1
2
2/27
3/4
3/8

13

米国の対中関税の引き上げ延期で円安・ドル高相場に

貿易摩擦をめぐって関係が悪化していた米国と中国は、２０１９年２月下旬に米中通商協議を行い、米国の対中関税引き上げの延期が決定しました。トランプ大統領が「大きく進展した」と発言したことで、米中の関係改善の期待感からドル買いが進行し、円安圧力が高まりました。その後、３月と４月にアメリカ通商代表部は対中追加関税の品目別適用除外を発表しています。

また、２月は世界的に株高になるなか、円を売って株を買う動きが強まっていたことも、円安・ドル高圧力を強めていました。

2019年2月〜4月

米ドル/日本円の4時間足チャート

世界的株高のなか、対中関税引き上げ延期により円安が加速

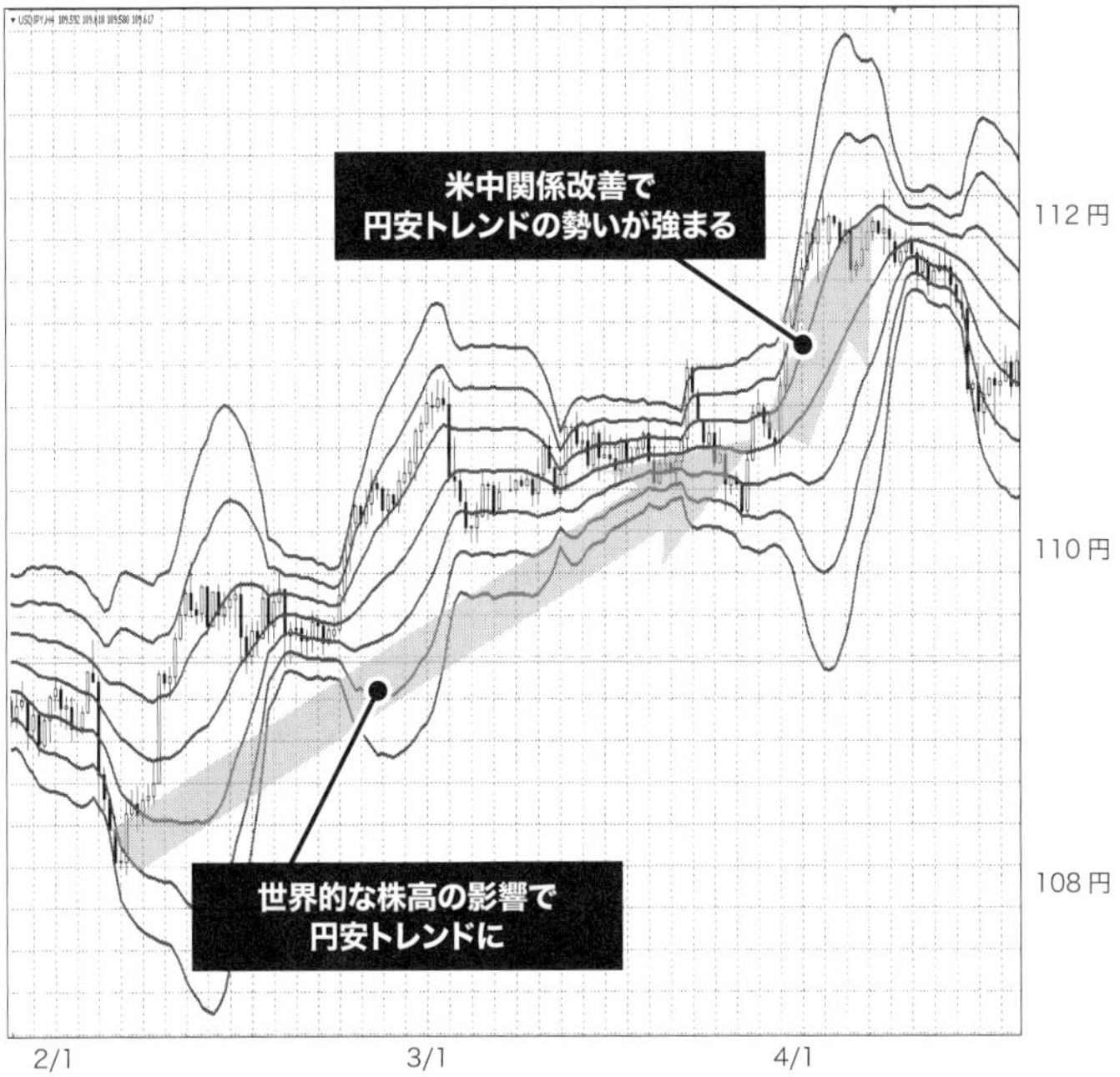

▶ 世界的な円売り・株買いの動き

▶ 米中関係が改善

けいめいさんの考え方

ミドルラインの動きで上昇トレンドと判断

1 雲がねじれ、ローソク足が手前で雲を上に突き抜けていたので買いエントリー

2 ローソク足がミドルラインを下に抜けたので、イグジット

明確な上昇トレンドが始まるタイミングで、雲がねじれていたので、エントリータイミングとしてはベストでした。欲を言えば、プラス3σまで伸びてほしかったところです。

まとめ

エントリータイミングはベストといえるトレードだった。

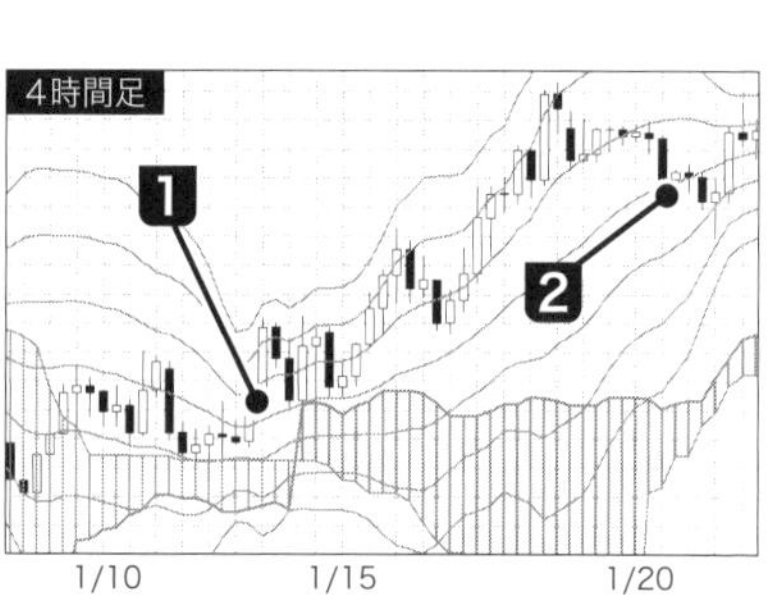

エマさんの考え方

ミドルラインの動きで上昇トレンドと判断

1 エクスパンションが発生したので買いエントリー

2 スクイーズが発生したのでイグジット

エクスパンションが発生したので買いエントリーしました。その後、スクイーズが発生したのでイグジットしました。

継続的に上昇トレンドが発生していたため、エクスパンションとスクイーズを繰り返していた4時間足ではトレードがしやすい状況でした。

まとめ

4時間足でのトレードがしやすい相場環境だった。

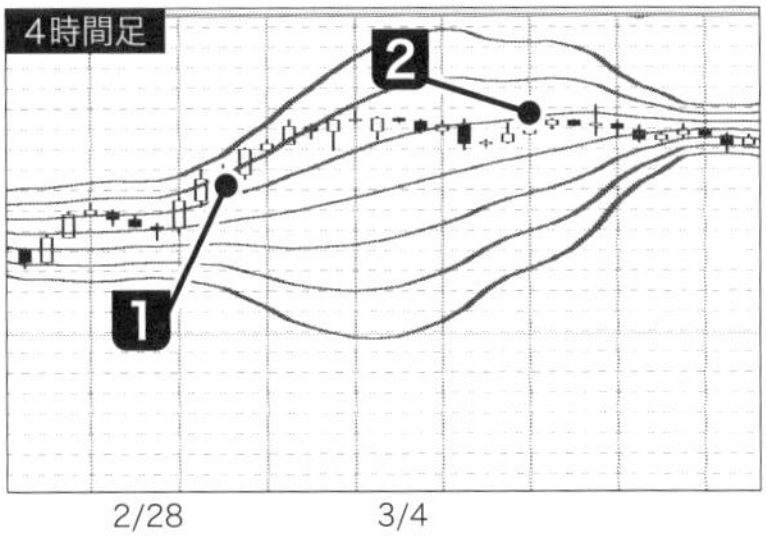

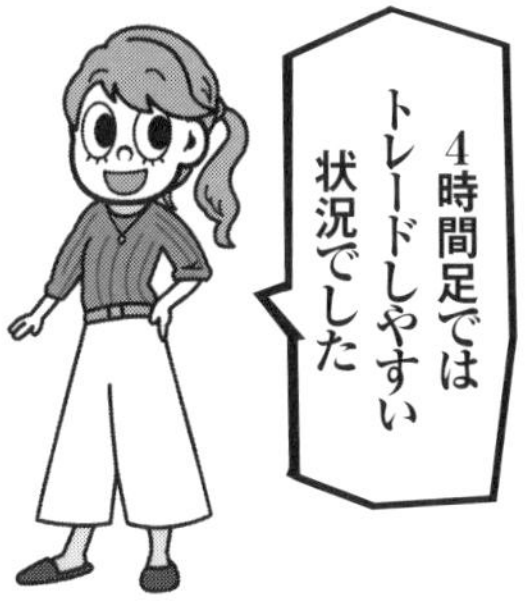

世界的な株高と米国の債券利回り上昇が円安要因に

14

世界的な株高による円安・ドル高相場

２０１８年９月は、米中貿易摩擦への過度の警戒感が後退したことから米国を中心に世界的に株が買われました。その影響は為替相場にも波及し、株を買うための資金調達により円が売られたことで円安・ドル高になりました。

また、８月のトルコショックに起因した新興国市場の混乱も、その後のトルコ中銀の大幅利上げで同国の金融政策への不信感が低下したことで落ち着きをみせたことや、米国の債券利回りの上昇なども円安・ドル高を後押ししました。

なお、この時期は対ドルだけではなく、ユーロ、豪ドルといった主要通貨に対しても円安になりました。

2018年9月〜11月

米ドル/日本円の日足チャート

世界的な株高による円安相場

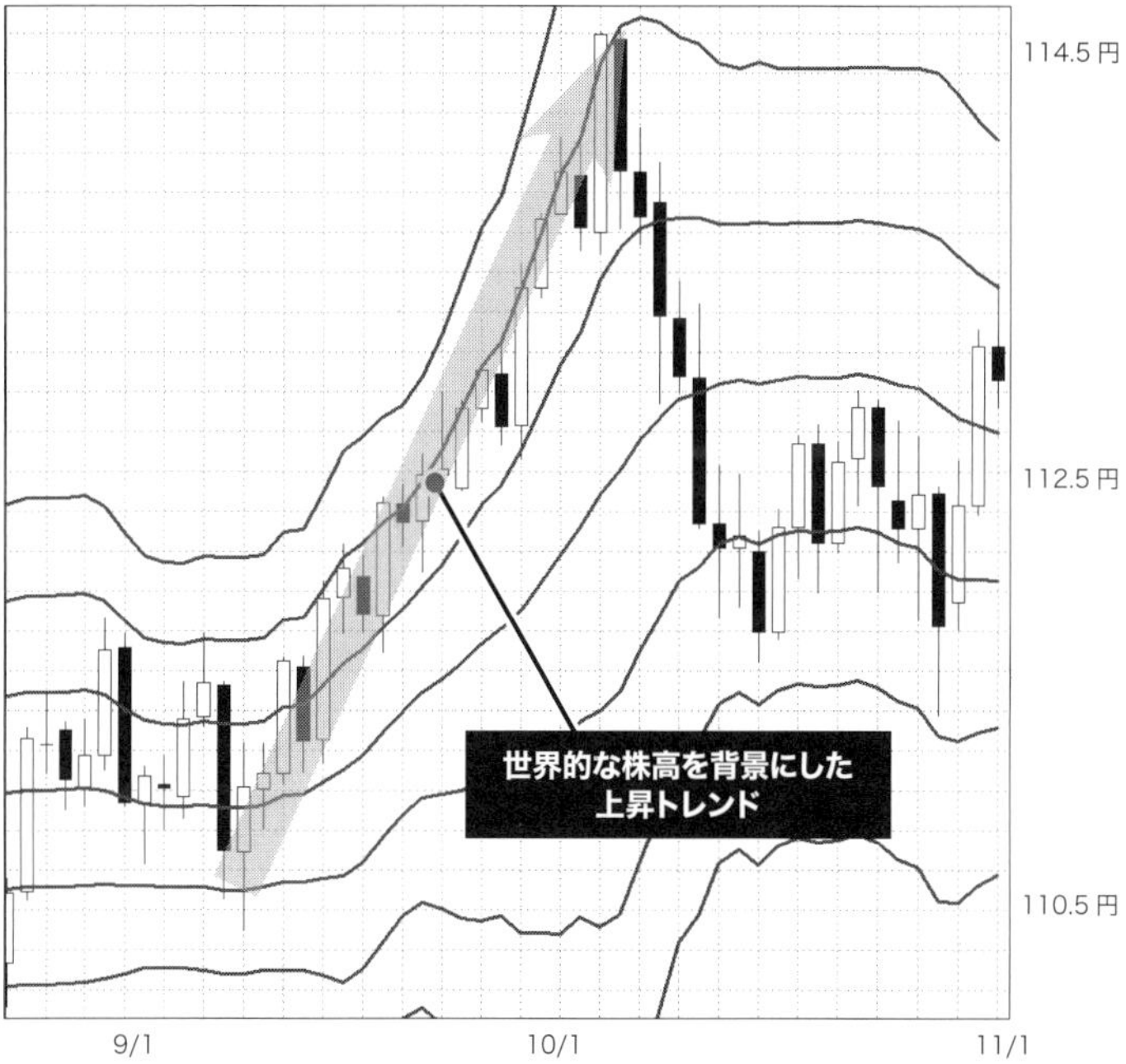

- 米中貿易摩擦への警戒感が薄れたことによる世界的な株高
- 新興国市場の混乱の落ち着き
- 米国の債券利回りの上昇

つくしさんの考え方

移動平均線の動きで上昇トレンドと判断

1 エクスパンションが発生し、ローソク足がミドルラインを上抜けたので買いエントリー

2 スクイーズが発生する前に、ローソク足が反転したので、イグジット

エントリー後、プラス2σでバンドウォークが発生し、一方的な上昇になりました。その後、ローソク足が下落したタイミングでイグジットしました。トレンドが終わるタイミングがわかりやすかったのでトレードしやすかったですね。

まとめ

わかりやすいトレンドでスムーズにトレードできた。

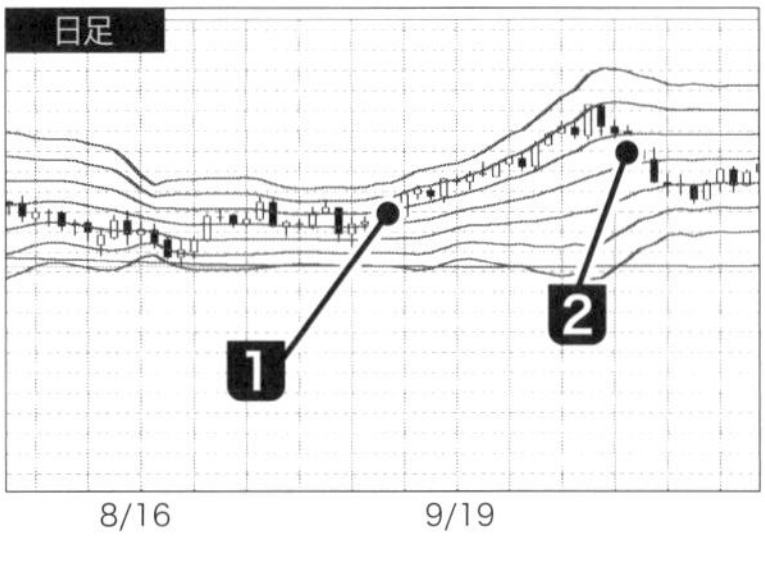

エマさんの考え方

ミドルラインの動きで上昇トレンドと判断

1 エクスパンションが発生したので買いエントリー

2 スクイーズが発生したのでイグジット

途中までは順調に上昇していましたが、途中でスクイーズと言い切れないような形になり、まだ早いかなと思っている間に下落し、その後、はっきりとスクイーズの形になってからイグジットしました。結果的には利益になっていますが、迷った時点でイグジットすべきでした。

まとめ

途中でイグジットに悩み、反省が残るトレードだった。

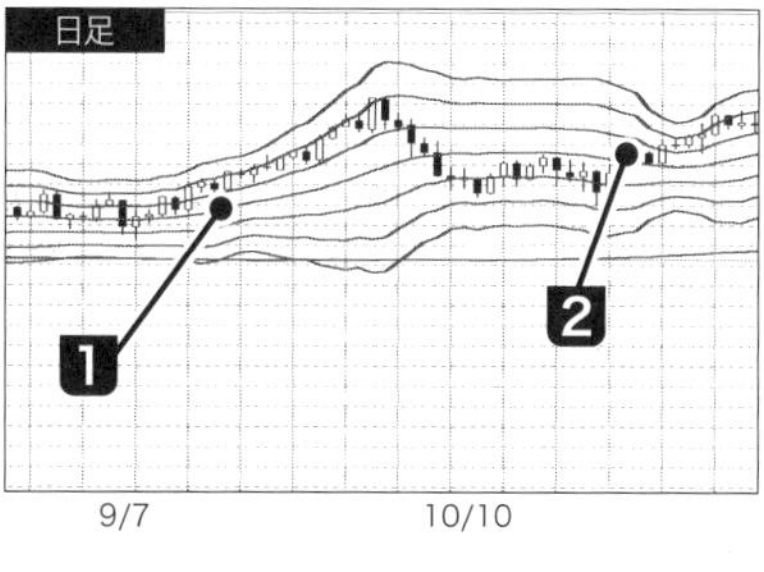

ボリンジャーバンドで稼ぐトレーダーのFX攻略

令和5年版

2023年3月5日　発行

執筆　柳生大穂

デザイン　ili_design

DTP・図版作成　有限会社バウンド

イラスト　ざわとみ

校正　伊東道郎

制作にご協力いただいたトレーダー
ケッティー / バンビ / エマ / つくし / けいめい / サイキックス

発行人　佐藤孔建

編集人　梅村俊広

発行・発売
東京都新宿区四谷三栄町12-4 竹田ビル3F
スタンダーズ株式会社
TEL:03(6380)6132　https://www.standards.co.jp/

印刷所　三松堂株式会社

●本書の内容についてのお問い合わせは、下記メールアドレスにて、書名、ページ数とどこの箇所かを明記の上、ご連絡ください。ご質問の内容によってはお答えできないものや返答に時間がかかってしまうものもあります。予めご了承ください。

●お電話での質問、本書の内容を超えるご質問などには一切お答えできませんので、予めご了承ください。

●落丁本、乱丁本など不良品については、小社営業部（TEL:03-6380-6132）までお願いします。

e-mail ： info@standards.co.jp

お読みください

FX（外国為替証拠金取引）は、元本の補償がない損失が発生するリスクを伴う取引です。

本書は情報の提供を目的としたもので、その手法や知識について勧誘や売買を推奨するものではありません。

本書で解説している内容に関して万全を期しておりますが、その情報の正確性及び完全性を保証するものではありません。

製作、販売、および著者は、本書の情報による投資の結果に責任を負いません。

実際の投資にはご自身の判断と責任でご判断ください。